小杉俊哉
［著］
Toshiya Kosugi

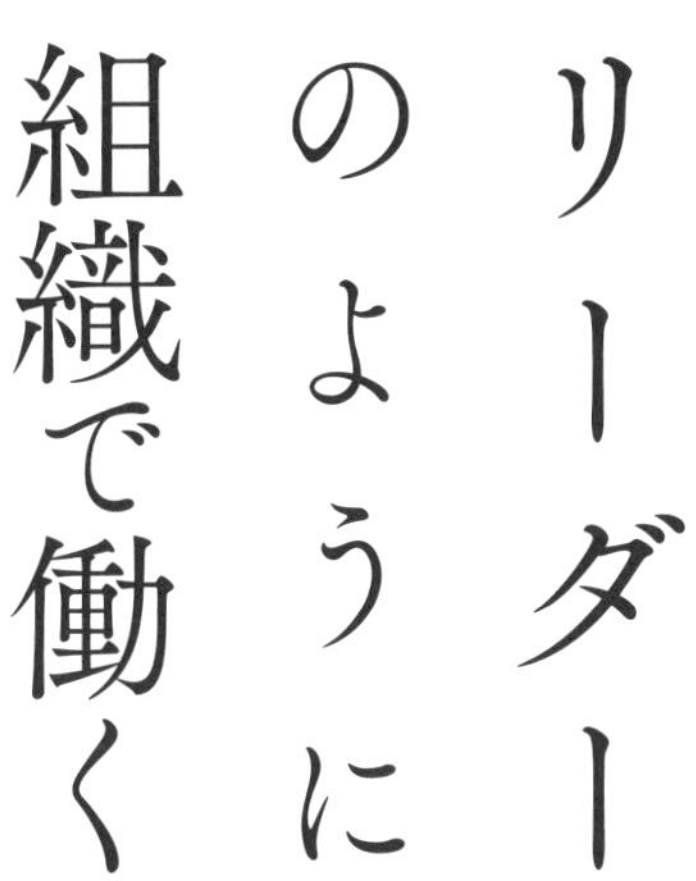

EMPOWER YOUR LEADERSHIP JOURNEY
INSIGHT AND TIPS

CROSSMEDIA PUBLISHING

まえがき

タイトルを見て、

「あれっ? リーダーとして働くんじゃないの?」

「リーダーのようにってどういうこと?」

と思っただろうか。

〝リーダーとして〟ではなく〝リーダーのように〟で構わない。これが、まずみなさんに伝えたいことだ。

長年、大学の授業だけでなく、大学院で学ぶ社会人、そして組織で働く人たちにリーダーシップの講義、講演、研修を行ってきた。ほとんどの人の最初の反応は、リーダーシップは組織のトップの話であって自分とは関係のないものだと思っている。つまり「他人事」だ。企業の管理職や役員でさえも同様の反応を示す。

なぜだろうか?

その理由は、多くの人が抱くリーダー像があまりにも自身とかけ離れていて、とても自分には務まらないと思い込んでしまっているからだろう。リーダーのイメージは、カリスマ性があり、組織の先頭で旗を振り、すべての面でメンバーを凌ぐ傑出した能力があり、組織全体を引っ張っていく強さを持っている、というようなものだろう。

では、カリスマ性を持つ強い人でないとリーダーになれないのだろうか？　受講生のみなさんに聞くと、この質問に対しては、ほぼ全員がＮＯと答える。

実際にあなたのまわりにいるリーダーを思い浮かべてもらえれば、それは明らかなはず。〝リーダーとして〟ではなく、〝リーダーのように〟だったらやれるんじゃないか。リーダーというステレオタイプのイメージを覆したい。そんな思いでこのようなタイトルになったのだ。

どうだろう、だいぶハードルが下がるのではないだろうか？

さて、リーダーシップに関しては、かつて『リーダーシップ３・０―カリスマから支援者へ』（祥伝社新書）という本を書いた。

出版当時、３・０という支援型リーダーに対しては、我が意を得たりという多くの賛同の声と同時に、それをできるのが理想だが実行は難しいという声が半々だった。だが、その本のおかげで、多くのさまざまな企業で役員、管理職に対してリーダーシップ研修を行う機会をいただいた。その中で自身の現状がどのリーダーシップのスタイルかを選んでもらうと、特に日本企業において当初は「1・5調整型」が圧倒的に多数を占めた。

しかし、出版から年月が経ち大きな変化を実感している。いまや「3・0支援型」だという人が多数派になり、特に若い管理職においてはほとんどの人がそう答えるようになった。

その一方で、彼ら経営者や管理者の認識以上に環境、人材、外的要件が変化した。特にSDGs、ESGなどのサステナビリティや、人的資本経営も企業経営に必須のものとなり、3・0型のリーダーシップの概念的な理解だけでなく、その有効な実践と、さらなる深化・進化が求められるようになっている。

さらには、従来は組織を管理する側に求められるリーダーシップというものが、今やすべての組織で働く一人ひとりが発揮すべきものに変化した。すべきというより、発揮したらそれは「最高の武器」になるから、やらない手はないといったほうがいいかもしれない。だから、組織に所属している以上、役職はなくても、リーダーでなくてもいいから、まずはリーダーのように働くことが必要なのだ。

かつての、会社、上司から指示されたことをひたすらこなすという働き方から、「自律的に働く」こと、これも急速に市民権を得るようになった言葉である。

これは、最初にネタばらしをすると、自律的に働く、イコール、自分に対してリーダーシップを発揮することにほかならない。これを、「セルフ・リーダーシップ」という。それがなぜ求められるようになったのか、そうするとどういうメリットがあるのか、逆にどんなデメリットがあるのかを、まずあなたに考えていただく。もちろん、その後で今まで多くの人たちから得た代表的な回答も示していく。

さらに、組織の一人ひとりがリーダーシップを発揮し、リーダーのように働くためには、まさに組織のリーダーの支援と支援のための仕組みが必要になる。それは、どのようなものので、どうやって実現すればいいかも示しておく。

このように、この本を読んだすべての人が、今日から〝リーダーのように働く〟ような行動を開始していただけることをイメージして本書を構成した。

一方で、経営者、管理者、という既に組織のリーダーとして活躍されている方や、これからリーダーを目指す知的好奇心旺盛な若い世代のみなさんの要求を満たすべく、より有効にリーダーとしての成果をどう出したらいいか、どのようなリーダーとなっていくべきか、ということについて、過去にいただいてきた疑問や質問への解を、最新の概念やセオリーを交えながら解き明かしていこうと思う。

また、この本をもとに部門内で、また上司と部下が話し合うきっかけになればいいと思っている。

長年、多くの組織で働く人たちと接してきて、ほとんどの組織で働く人にとっては学術的なことにはたいして興味がない、と知っているが、本書は学術的な興味を持っている人のために、必要に応じて学術研究についても参照している。

もしあなたが、経営者、管理者、人事関係部署以外だったら、あまり関心が湧かないところは読み飛ばしていただいても構わない。

一方で、全体を読めば、今日必要なリーダーシップやその周辺領域のほぼ全容をカバーしている内容であると自負している。

第1章 なぜ、組織の一人ひとりが、リーダーのように働く必要があるのか

それ、立派なリーダーシップです。…… 016
そもそもリーダーシップとは何か？
〜マネジメントとリーダーシップ〜 …… 021
組織で求められるようになった「二刀流」…… 026
1 Googleと3M／2 デュアル・システムの採用
3 3人の子育てをしながら働くお母さん／4 木こりの掟
キャリア自律＝セルフ・リーダーシップの
メリットとデメリット …… 036
自律的に働く人材の問題点!? …… 041
1 自律的に働く社員は自分勝手で言うことを聞かない？
2 自律的に働く人材は会社を辞めてしまう？

そもそも「キャリア自律」とは何なのか？……046
1キャリア／2自律
コロナ禍によって社員にバレてしまったこと……052
column
働き方改革でも高まらなかった日本の生産性……055

第2章 リーダーシップを発揮できる環境

パーパス、コア・バリュー、ビジョン……060
①パーパス／②コア・バリュー／③ビジョン（展望）
人材マネジメント・バリューチェーンのアラインメント（整合）……066
心理的安全性……070
DE&I（ダイバーシティ、エクイティ&インクルージョン）……074
①ダイバーシティ／②エクイティ／③インクルージョン

従業員エンゲージメントとウェルビーイング……078
①従業員エンゲージメント／②ウェルビーイング
内発的動機づけ……081
column
人的資本経営がなぜ求められるようになったのか……085

第3章 リーダーシップスタイルの変遷

リーダーシップのスタイルとは……092
リーダーシップ1.0……094
リーダーシップ1・0の危機
リーダーシップ1.1……098
リーダーシップ1・1の危機
リーダーシップ1.5……101
リーダーシップ1・5の危機

リーダーシップ2・0 …… 109
リーダーシップ2・0の危機
リーダーシップ3・0 …… 117
各スタイルの整理―あなたに該当するものは …… 121
リーダーシップ1・5と3・0の違い …… 123
リーダーシップ3・0を支持する様々な理論 …… 127
1サーバント・リーダーシップ／2羊飼い型リーダーシップ／3コミュニティシップ
4オープン・リーダーシップ／5コラボレイティブ・リーダー／6第五水準のリーダーシップ
マネジメント理論との同期―マネジメント2・0との同期 …… 140
最近のマネジメントの課題／マネジメント2・0のゴール
column
日本企業はどうしてきたのか　～プロジェクトXからの教訓～ …… 159

第4章
リーダーシップ4・0とそれを引き出すリーダーシップ3・0の実践

リーダーシップ4・0 …… 152
支援型リーダーが実現する自律型組織 …… 154
支援型リーダーシップを実践する企業 …… 156
①ＨＣＬテクノロジーズの例／②Googleの例
③ピクサー・アニメーション・スタジオの例／④セールスフォース

column
両利きの経営とは …… 173

第5章 リーダーシップスタイルを意識的に変化させる必要がある

相手に合わせる：状況対応型リーダー（ＳＬ理論） …… 178
組織の成長によって変化が必要
―グライナーの「組織の成長五段階説」― …… 184
組織・メンバーの状況によりスタイルを意図的に選択する …… 193

自身の成熟によってスタイルを変える……201
①スティーブ・ジョブズ／②稲盛和夫／③土屋哲雄／④原晋／⑤大八木弘明
上司のタイプと異なるタイプを選択することもできる……207
①ジャック・ウェルチ／②本田宗一郎／③マイケル・ジョーダン
リーダー自身の無意識の変容（堕落）……213
①廣瀬俊朗／②富井伸行
無私、自利利他、引き際の美学……217
①ラジャット・グプタ／②カルロス・ゴーン
column
イノベーター理論とキャズム理論がそのまま使える自律型人材の広がりのケース……220

第6章 支援型リーダーの武器

① エンパワーメント……230

②ファシリテーション……235
③ブレーンストーミング……239
④ポジティブ・アプローチ……245
⑤組織開発―成功循環モデル―……252
⑥感情を動かす……258
⑦1on1コミュニケーション……263
⑧繁栄チャネルを活性化させる……268
⑨フロー……271
⑩EQ……276
⑪与える（ギブ）、応援する（チア）……283
①与える（ギブ）／②応援する（チア）
⑫組織の構造を知り、変える……287

終章 「リーダーになる」とは

リーダーになろうとすること……292
オーセンティック・リーダー……293
今ここにいる、自分自身である……298
弱みをさらけ出す……303
インテグリティ（誠実さ）、謙虚……308
①インテグリティ（誠実さ）／②謙虚
おわりに……312
リーダーシップとは人と人とが織りなす業／人はロジックではなく感情で動く／大人になっても続く人間の発達の問題

「リーダーシップ３・０」「リーダーシップ４・０」は株式会社経営者ＪＰの登録商標です。

第1章

なぜ、組織の一人ひとりが、リーダーのように働く必要があるのか

それ、立派なリーダーシップです。

あなたが現在発揮している、そして過去に発揮したリーダーシップについて、思いつくままに書いてみていただきたい。

どうだろうか？

かつては大学、現在は大学院の授業で、毎年冒頭に受講理由と共に自らがリーダーシップを発揮した経験について学生に書いて提出してもらっている。

中にはそのような経験をしたことがないと書いてくる学生もいるが、ほとんどの学生は何らかのリーダーシップ経験を持っていることがわかる。

大学でのサークルの代表、体育会や何らかの役職、NPOのプロジェクトリーダー、子どもたちへのスポーツ監督・コーチ、バイト先のリーダー役、中高時代の部活の部長、学級委員、生徒会長・役員、クラブチームのキャプテンなどなど、実にさまざまだ。特徴的にはほぼ全員が上手くリーダーシップを発揮できなかった、という反省を書いている。

さて、企業や官公庁での研修で同じようにリーダーシップ経験を振り返ってもらうと、学生時代にさまざまなリーダーシップを発揮してきたはずなのに、ほとんどの人がそのようなリーダーシップの経験が思いつかない。これはどういうことだろうか。

ひとつは、新入社員で企業や組織に入ると、一番下っ端であり先輩・上司の指示に従って働くことになるからだ。たとえどんなに優秀で、鼻息荒く社会に出て、いろいろと自説を述べ、その場をリードしようとしても、「何にもわかっていないくせに、生意気なことを言うな！」と、すぐにその鼻はへし折られ、とにかく組織人としての生活に慣れ、与えられた仕事を覚え、こなすことが最初の数年間は求められるからだ。自分にはリーダーシップなんて関係なく、それは先輩・上司たちがやるべきことなのだと思ってしまう。

では、先輩・上司たちはどうなのか？　やるべき業務を覚えそれをこなすことが組織で働く、ということにすっかりなってしまい、本来リーダーシップが期待されるような組織の中堅さらには管理職、経営職になっても、最初の刷り込みは強烈なため、それを刷新することはなかなかできることではない。

では、たとえば新入社員にはリーダーシップを発揮するなんて、土台無理なのだろうか？

ずいぶん昔の例で恐縮だが、こういう人がいた。

男女機会均等法施行前は、女性はたとえ4年制大学を卒業していても、ほとんどの企業で一般職、補助職の仕事しか得られなかった。新入社員時代は、お茶汲み、コピー取り、（自社に関連する）新聞記事を切り抜きコピーを取って課の先輩たちに配布する、それが主な仕事だった。

そんな仕事をやっているうちに、頼まれた訳ではないが、競合他社、業界情報をまとめて月報を作り配布するということをやり出した。それは、整理の悪い先輩社員たちから、過去の記事のコピーをまた見せて欲しいという依頼がしょっちゅうあったからだ。

そんな問い合わせ時に、いつも席にいるわけではなく対応できないこともある。そのため誰でもいつでも過去の記事を見ることができるように、指示された訳ではないがファイルにまとめて検索タグを付けて、見やすく閲覧できるようにし、総務の了解を得てフリースペースに置かせてもらった。

さて、ここで波線を引いた部分が重要だ。上司や先輩から指示や依頼があった訳ではないのに、自らそうした方がみんなの役に立つ、そして自分も手間が省けて楽になるから、と自分で考えて動いたのだ。

これがリーダーシップを発揮する、ということだ。

リーダーシップの定義に「共通の目標を達成するために、個人がグループへ影響を及ぼすプロセスである」というものがある。この定義にそのまま合致していることがおわかりになるだろう。

彼女は、自らのイニシアティブに基づいて行動し、社内に新たな動きを生み出し、何かが変わったという経験をした。これが彼女の最初のリーダーシップ体験だったのだ。右も左もわからなかったけど、グループ皆の役に立つことであり事務の効率化に繋がると考え、リーダーのように働いたという言い方もできるだろう。

この新聞記事の検索の仕組み、言い換えればシステムを作った彼女は、このシステムづくりにおいてはリーダーになったということだ。そのサービスを受ける先輩社員たちは彼女のフォロワーになったのだ。

その後、支店長にその働きぶりを見出され営業の総合職として、男性社員以上に高い業績を上げるようになった。そして、転職をしリーバイ・ストラウス ジャパンの人事責任者（のちにアジア・パシフィックの人事責任者も兼任）、そしてナイキ本社のアジア・パシフィックの人事責任者になった。

帰国子女でもなく、留学経験もない、ＭＢＡホルダーでもなく、コンサルティング経験もない日本人が米企業の本社で人事責任者になるというのは極めて希なことだ。それをやったのが、私の旧友でもある増田弥生さんだ。

神戸大学の金井壽宏教授（当時）との共著『リーダーシップは自然体』（光文社新書）でこのように書いている。

「リーダーシップは役職や肩書きがないと発揮できないものではありません」

さて、こんな観点で見たときにあなたがリーダーシップを発揮したことって何だろうか。あるいは、あなたのまわりでリーダーシップを発揮できそうなことはどのようなことだろうか。ぜひ考えてみていただきたい。

そもそもリーダーシップとは何か？
〜マネジメントとリーダーシップ〜

では、そもそもリーダーシップというのは何だろうか。それには、マネジメントとの対比で考えるのがわかりやすい。両者はどう違うか、まずはあなたの言葉で表現してみてほしい。

マネジメント：

リーダーシップ：

いかがだろうか？

正解というわけではないが、代表的な両者の定義を比較すると次のようになる。

マネジメント	リーダーシップ
処理する	革新する
維持する	開発する
維持する	発展させる
システムと構造に焦点	人に焦点
統制に依存する	信頼を築く
数字を追いかける	未来を見据える
短期的視点	長期的視野
いつ、どのように	何を、なぜ
何かのコピー	自分のオリジナル
現状を受け入れる	現状に挑戦する
優秀な軍人	その人自身
ものごとを正しく行う	正しいことをする

（『リーダーになる』ウォレン・ベニス著／海と月社　一部修正して引用）

あなたが書いたものと比較してどうだっただろうか。

社長として、部長として、課長として、その役職においてやらなければならないことをやることをマネジメントというのだ。

混乱しやすいのが、たとえば組織において最初につく役職が「プロジェクトリーダー」、あるいはそのまま「リーダー」であったりすることだ。役職としてつき、その役割を全うしようとしたら、その役職は何であれ、マネジメントなのだ。

また、たとえ役職はなくとも自分の役割、やらなければならない仕事を行うことを、マネジメントと言うのだ。役職にかかわらず個人の名前で周囲に影響力を与えて、何かを変える、始めるのがリーダーシップだ。

マネジメントがＷｈｅｎやＨｏｗが課題なのに対して、ＷｈａｔやＷｈｙが課題なのがリーダーシップだ。

日本の企業組織においてはほとんどの人が、組織上の役割を正しく行う（doing the things right）マネジメントばかりに腐心しているのではないか。正しいことは何だろうか、（doing the right things）そのために何をやるべきか、なぜそうするのか、とは一向に考えようとしていないのではないだろうか。

実際に企業の管理職・経営者研修で問うと、ほとんどのみなさんが自分のやっていたのはマネジメントだけだった、と自覚する。

正しいこととは、環境、テクノロジー、組織、人が変われば、変わり得るものであり、変わらなければならないこともあるのだ。それを考えるのが、管理職や経営者の仕事だ。だから組織内で高い報酬をもらっているのだ。

もちろん組織である以上、マネジメントをしっかりやらないと組織は回らない。しかし、マネジメントだけをやっていると新しいものやイノベーションは生まれないのだ。**マネジメントとリーダーシップの区別をしていない経営者や管理職は、組織変革や社内ベンチャーを、管理、コントロールしようとする。だから上手くいかないのだ。**これはスタートアップと同様で、試行錯誤が必要であり、リーダーシップが求められる。

経営学者で、マネジメントの「発明者」とも言われたピーター・ドラッカーは、このように述べている。

「我々が『マネジメント』と呼んでいるものは、その大半が人々を働きにくくさせる要素で成り立っている」

ハーバード・ビジネス・スクールの教授でリーダーシップ論の泰斗であるジョン・P・コッターは、「成功を収めるトランスフォーメーションは、その変革の70～90％はリーダーシップによってもたらされ、残りの10～30％がマネジメントによってもたらされる」ということを指摘している。（『21世紀の経営リーダーシップ』ジョン・P・コッター著／日経BP

参考）

これに関して、以前GE（ゼネラル・エレクトリック）が隆盛を極めていた頃、クロトンビルにあるジョン・F・ウェルチ・リーダーシップ開発研究所はリーダー養成所としてその名を世界にとどろかせていた。その当時同研究所でリージョナルラーニングリーダーを務めていたのが牛嶋仁さんだ。あるセミナーで彼とパネルディスカッションをしたときの興味深いやりとりを紹介したい。

私が「日本企業では、管理職はほとんどみなマネジメントばかりやっていて、リーダーシップを発揮していない」と言うと、びっくりしたように「そうなんですか！アメリカではみなリーダーシップばかり発揮しようとして、ちっともマネジメントをしないんですよ」と答えていたのだ。

企業にはどちらも必要な要素であるが、どちらが革新やイノベーションにつながるのかは自明だ。

組織で求められるようになった「二刀流」

では、マネジメントだけでもやるべきことに追われて汲々としているのに、リーダーシップも発揮するという、そんな二刀流が果たして可能なのだろうか。

前述のジョン・P・コッターは、このように指摘する。

「組織を動かす人々は、マネジメントとリーダーとしての仕事を両方こなすようになってきている。有能なトップマネジメントは、自分の時間の80％をリーダーとしての仕事に充てる。しかし、組織の階層の一番下に位置する担当者でも20％の時間をリーダーとしての仕事に充てている。変化の激しい業界ではさらにその比率が高い」

1 Googleと3M

まずこの指摘をそのまま体現している、よく知られた二社を紹介したい。

●Googleの20%ルール

仕事に使う時間の20%を仕事の利益に直結しない、将来大きなチャンスになるかもしれないプロジェクトの探索や取り組み、つまり好きなことに使うというもの。

共同創設者のラリー・ペイジとセルゲイ・ブリンは、2004年のIPO以前から「通常のプロジェクトに加えて、Googleに最も利益をもたらすと思うことに仕事の時間の20%を費やすことを社員に奨励しています」と述べている。

「これにより、社員はさらにクリエイティブに、さらにイノベーティブになることができます。我が社の重要な進歩の多くは、こうして実現したのです」。

そこから、Google News(2002年)、Google AdSense(2003年)、Gmail(2004年)などが生まれたといわれている。

実際には時間を厳密に80%と20%に分けているわけではなく、100%やって、追加で20%やっていることから、120%ルールだと言っている社員もいるそうだし、そのルールが長い年月を経て許可制に変わったともいわれている。しかし、そのマインドはDNAに確実に残っているはずだ。

●3Mの15％カルチャー

以前同社の日本法人人事責任者の方から次のようにうかがった。

同社は、1948年以来、社員に勤務時間の15％を自分自身のプロジェクトに使うように奨励してきた。ユニークなチームを作り、自社のリソースを使って、自身の直感に従って、問題解決を追究する。

15％カルチャーとも呼ばれるこの慣習は、会社の設備を最大限利用して、自分の好きな研究テーマに時間を費やせるというのが特徴。この試みから、たとえば貼ってはがせる不思議な特性をもった接着剤が生まれ、のちのポストイットのヒットにつながった。またこれはカルチャーであり、ルールではないため一切明文化もされていない。

同社は5年以内に開発された新製品が売り上げの3割を占める、という経営目標も掲げてきた。だから、常に社員が新製品について考えることを奨励しているのだ。現在も3Mのウェブサイトには、15％カルチャーを使った取り組み例が紹介されている。先述のGoogleは、この3Mの15％カルチャーを模して自社にも導入したといわれている。

この時間についての考え方は、2章の生産性のところで再び述べたい。

2 デュアル・システムの採用

人材が今期の仕事だけでなく、将来に向けた仕事にも取り組めるような仕組みとして、デュアル・システムを明確に採用するという手がある。

明確に、というのは組織がスタートアップで未分化の頃には、みなネットワーク構造であり、機動的で創造的なのだ。そうでなければチャンスをつかめないからだ。

ところが、企業が成長し規模も大きくなって効率と安定を追求していくと階層組織にならざるを得ないのだ。

アメリカの歴史ある大企業でも好業績企業は、このデュアル・システムを採用し、既存の階層組織とは別にネットワーク型組織をおいているという。それは、信頼性と効率性を旨とする系統的なプロセスではなく、スピードと俊敏性を追求するリーダーシップ発揮型プロセスである、とハーバード・ビジネス・スクールのジョン・P・コッターは述べている。

プロジェクト組織に参加する人材、チェンジ・エージェントは必ず自ら手を挙げ「やりたい」と意思表明した人だけだ。命じられ、指名されてやるのではダメだということだ。参加したい人、参加できることを誇らしく感じる人だけが集まったとき、物事は一気に前に進み、驚くほど短期間に成果に繋がるものだ。またやる気を起こさせるのは、金銭的報酬ではなく、感情、心の琴線に触れる何かだ。

高い業績を上げる企業は、このネットワーク組織と階層組織がシームレス、有機的に繋っている必要があり、だからこそ、日常業務を効率よく確実にこなし、重要な戦略的課題を機動的に実行できる、としている。（『実行する組織』ジョン・P・コッター著／ダイヤモンド社　参考）

そこに参加する社員の負荷が増え、労働強化に繋がる、という発想は不要だ。あくまで、参加したい人が自主的に参加するのであり、日常業務に集中したい人はそうする必要はない。コッターが指摘するのは、時間による振り分けではない。ネットワーク組織に20％を投じると既存組織には80％しか残らない、いうことではない。エネルギー量を１２０％に増やして、そのうちの20％をネットワーク組織に注ぎ込むということだ。

これは、やる気のある人間、有能な人間、楽しいことをやろうとそのターゲットを探している人間には全く難しいことではないだろう。副業に費やすエネルギーを社内でこちらに使えるということだ。

経営幹部もまた、デュアル・システムの発展を応援し、後ろ盾になり、時に助言しなければ上手く機能しない。どのくらいの時間を使うと、おそらく執務時間の５％程度で十分だろうということだ。時間よりも重要なのは、経営幹部の態度や行動で、マネジメントで管理するのはなくリーダーシップを発揮することが何より必要だということだ。

たとえば、業績悪化で厳しい状況だったソニーを見事に復活させた平井一夫元CEO。就任時、社員が既存事業への取り組みで一杯一杯になっており、本来イノベーティブで新しいことを実現できる会社なのになかなか自分のアイデアを実現できないと言われていた。一方で社員の心の中では、情熱のマグマが煮えたぎっていると感じた。そこで、社員から生まれた挑戦的なアイデアを、事業部と別ラインで商品化する社長直轄プロジェクト「TS事業準備室」を置いた。また、「シード・アクセラレーション・プログラム」（SAP）という社内に眠る新規事業の種を掘り起こして事業化をする取り組みも行った。

情熱を持つ社員を平井CEOが直接サポートし、特にTS事業準備室では、やらないことだけを定義し後は何を作っても構わないルールにした。そこから面白い製品が生まれていった。うまくいったものもそうでないものもあったが、売上げだけで測るとどんどん保守的になっていく。お客様が感動、心を動かす製品を出す、そのための文化にしなければ魅力的な製品は生まれない。（DIAMONDハーバード・ビジネス・レビュー　2023年5月号　参考）

この取り組みが、再びイノベーションが起こせる、感動を与える製品を作れる、と社員をして思わせる風土へと導いていったのだ。

また、目薬から胃腸薬、健康食品、美容・スキンケアまで事業分野を広げヒット作が多く業績好調のロート製薬は、メーカーでありながら、また時期的にも早く2016年から複業制度やダブルジョブ（社内複業）制度を取り入れている。会長の山田邦雄は社長の頃から「社員は会社の持ち物ではないし、会社は道具だから、便利に使って下さい」と社員に言ってきた。

3 3人の子育てをしながら働くお母さん

次に、広告代理店に勤務するAさんの話だ。Aさんは、育児休暇を3回取得し3人のお子さんを育てている。また、自ら提案した企画が通り、グループ会社が設立され、そちらに出向するとともに、グループ全体の母親プロジェクトリーダーを務めている。

Aさんは、特に新卒で配属された際、作業や雑用のようなことは山ほどあるし、慣れないうちは、働いていて楽しいと感じられなかった。

そこから脱するために「森を見て、木をこさえる」ということを心がけた。今の目の前の仕事をマクロな視点で俯瞰し、周辺情報やクライアントだけでなく、競合、業界全体、日本経済、世界の中での位置づけなども考え、必要な情報を収集していった。

つまり、言われてもいないのに勝手にリーダーのように動いたのだ。

そうしているうちに自分の意見が持てるようになり、それを先輩、上司にぶつけていった。そうすると、得意先（担当者）との些細ないざこざは気にならなくなった。

Aさんはこう言う。

「世の中9割が〝御仕事〟なのでは。ただ、1割でも〝仕事〟があれば人生は楽しくなる」。

Aさん独自の表現で御仕事とは、給料をもらっている以上やらなければならないことや役割であり、それがマネジメントだ。やなれければならないことをやるという行為は、基本的に楽しくはないのだ。でも、たとえ10％でも自らWhyやWhatを考え、自律主体的にリーダーのように動く部分があれば、人生が楽しくなると言っているのだ。

ここで、仕事が楽しくなるだけでなく、プライベートも含む人生そのもの、と言っているのに注目したい。オン・オフをきっちりと切り替えるワークライフ・バランスから、ワークライフ・インテグレーション、ワークライフ・ハーモニー、さらには、ワーク・イン・ライフへの流れが、特にコロナ禍で在宅勤務も増える中意識されるようになったが、それを考えていただければ、おわかりになるだろう。たとえ一刀が10％であっても、二刀流であることが重要なのだ。

さらに、Aさんは子育てについてもこのように言っている。

普遍的な学びでいえば、育児においてもそうだ。育児により職場を離れることを「キャリアの空白」ととらえてしまうことがあるが、絶対に無駄ではない。理由は次の通りだ。

●仕事の構造づくり

・業務遂行能力の向上…効率化、先回り、段取り、リスク管理etc.

・オペレーション能力…とにかくやる、絶え間ない気配りetc.

●メンバーへの配慮

・人間力：育児…忍耐力、やりたいようにやらせてみる、リーダーシップetc.

ちなみに、筆者の娘は双子の母親であり、その負荷は並大抵ではない。彼女を間近で見ていて、まさに右記が当てはまっていると感じる。職場復帰した時の彼女の会社への貢献度は、育休前よりも数段上がることは間違いないだろう。働く女性でお子さんがいる場合は、仕事と子育てと、まさに二刀流でやらざるを得ないのだ。育休取得率は上がったが、統計でも夫の家事や育児の時間は妻の1／4だ。（総務省2021年社会生活基本調査）

4 木こりの掟

さらにもうひとつ木こりの話を紹介したい。大学教授のB氏は副業があり、週末は長野県伊那谷で林業を営む木こりをしている。伊那谷では、仕事と働くことを区別しているという。

よく言われるように、

- 仕事…事に仕える
- 働く…人が動いて、傍(はた)を楽にする

という両者を区別する捉え方がある。

だから、彼らの仲間で自分がやらなければならないことしかやらず、みんなの役に立つようなこと、たとえば用具置き場の掃除や整頓、また地域住民とのコミュニケーションなどをやろうとしない人間をこのように揶揄するそうだ。

「あいつは、仕事ばっかりしていて、ちっとも働かねえ」と。

仕事はマネジメントであり、働くのがリーダーシップだ。これも二刀流の話だ。

さて、あなたは少しはちゃんと「働いて」いるだろうか？

キャリア自律＝セルフ・リーダーシップのメリットとデメリット

近年、企業経営に大きな影響を与えている人材版伊藤レポートでも、「自律的なキャリア形成」が必要であると述べている。なお、同レポートについては第2章で再び触れる。

この自律的なキャリア形成とは、英語ではCareer Self-Relianceといい、キャリアにおいて自分を頼る、すなわち会社ではなく、個人主導でキャリア形成を行うということだ。言い換えれば、自分に対してリーダーシップを発揮する、Self-Leadershipということになる。


この概念は日本では、私も所属している慶應義塾大学ＳＦＣ研究所キャリア・リソース・ラボが２０００年頃に日本に紹介し、その後研修によって普及させてきた。私も多くの企業でキャリア自律研修を行ってきた。しかし、日本全体においてはごく限られた企業研修でのみ実施されたに過ぎず、働く人たちにとっては未だにピンとこない話であろう。

上司に指図されずにリーダーシップを発揮し、自由に自分の思い通りのキャリアを切り開けたらいいな、ということは、組織で働く誰もが願うことだろう。それを実践実現している人たちを紹介したのが拙著『起業家のように企業で働く』（クロスメディア・パブリッシング）という本だ。

では、誰もがいいなと思うセルフリーダーシップを一部の人は謳歌しているにもかかわらず、なぜなかなか広がって来なかったのか、という理由を一緒に考えたい。腹落ちするためには、あなたもまずご自身でやってみることをお勧めする。

やり方は簡単だ。①まず、下の図表に、キャリア自律＝セルフ・リーダーシップを実践した場合に、いったいあなたにどのようなメリットがあるかを書き出してみる。次にそうした場合のデメリットも書き出す。

キャリア自律 ＝ セルフ・リーダーシップのメリットとデメリット

	組織	個人
メリット		
デメリット		

②次に、組織のメンバーがキャリア自律＝セルフ・リーダーシップを実践した場合、組織にどのようなメリットがあるかを書き出してみる。次にそうした場合のデメリットも書き出す。

いかがだろうか？　下図表に過去研修で受講生から出た代表的な例を示す。

さて、次に個人にとっても、組織にとってもメリットに共通して言えることとは何だろう？　同様に個人・組織にとってデメリットに共通して言えることとは何だろう？

これは、なかなか難しいのでヒントを出すと、メリットに挙げている項目はいつ起こりそうなことだろうか？　デメリットは？

キャリア自律 ＝ セルフ・リーダーシップのメリットとデメリット

組織	個人
▶教育訓練費が削減できる ▶組織が活性化する ▶イノベーションが起こる ▶収益力が上がる	▶自分のやりたい仕事ができる ▶雇用能力（エンプロイアビリティ）が上がる ▶なりたい自分になれる ▶自己実現できる
▶自律人材を活かすマネジメント教育費が必要 ▶自己主張が強い人材の集まりで統制が取れなくなる ▶優秀な人材ほど辞めてしまう	▶自分で何をやるかを考えなければならないのはシンドイ ▶自律心を持てない人材には苦しい ▶自分を高めるための投資（時間も金も）が必要 ▶方向性が違っていても自己責任、誰のせいにもできない

そう、メリットにあなたが挙げていることは、個人にとっても組織にとっても中長期的な話なのだ。そして、デメリットに挙げていることは、同様に個人にも組織にも短期的に起こることなのだ。

つまり、自律的な働き方をすると、まず先にデメリットが噴出する。だから、中長期的な素晴らしいメリットをわかっていながら、組織も個人も踏み出せないのだ。

個人のデメリットでは、自分の責任でキャリアの方向性を持ち、何をやるかを決め、そこに自分の時間やお金も投資しなければならない。たとえそれがあとから違った、と思っても、誰の責任にもできない。これは非常に気が重く面倒なことだと思う。

しかし、今や終身雇用が保証されている

キャリア自律 ＝ セルフ・リーダーシップのメリットとデメリット

組織	個人
中長期的	中長期的
短期的	短期的

わけでも、会社があなたの将来に責任を持ってくれるわけでもないことは、自明なことだ。そうすると、キャリア自律やセルフリーダーシップのことをいったん横に置いたとしても、いずれにしても自分の身を自分で守るために自身のキャリアに対して主体的に考え、行動せざるを得ないのではないだろうか。

　実際に若い世代ほど、そのことをよく知っているので、自分で考えて行動する人が多いのだ。

自律的に働く人材の問題点!?

さて、組織にとってのデメリットで、管理職からも一般社員からも必ず出てくるものがある。自律意識が高くなると自分勝手に動くので統制が取れなくなる。会社を辞めてしまう。これは、本当にそうなのだろうか?

❶自律的に働く社員は自分勝手で言うことを聞かない?

たしかに、キャリアを自ら考え自律的に働く社員に、従来型のマネジメントで上から押さえつけるようなやり方は通用しないだろう。だから、彼らをいかに束ねリードしていくか、というトレーニングを管理職層に行う必要がある。今までのマネジメントスタイルより概して上司の負荷は増えるので、人事によるサポートも必要になるだろう。そのような投資をしなければならないデメリットはある。

しかし、考えてみていただきたい。自らキャリア形成を行い、自律的に働く人、とはどのような人物像を思い浮かべるだろうか。

それは「プロフェッショナル」と名のつく人だ。

たとえば、プロ経営者、プロのコンサルタント、プロ野球選手、プロサッカー選手……我々個人事業主もその中に入る。

たとえばプロ野球選手。彼らは球団と契約して働いているが、ドラフトで一位指名され高額の契約金を支払われて入団しても、数年で芽が出なければ、もしくは怪我で活躍できなければ、戦力外通告される非常に厳しい世界で働いているのだ。

逆に、レギュラーの座を得てタイトルを取るなど活躍すると、大リーグへの移籍の道が開けたりあるいは、フリーエージェントの権利を得て、他球団に移籍する可能性もある。

さて、そのような彼らが、この球団は今年限りだからといって、監督のサインや、コーチの指示を無視して自分勝手なプレーをするだろうか。答えは、否だろう。他球団が欲するような優れたプレーヤーほど、チームプレー指向が強いのではないだろうか。それは、勝利後のヒーローインタビューを聞いていればわかるはずだ。自身の勝利よりも、ホームランよりも、チームの勝利への貢献を強調しているはずだ。それは決してきれいごとではない。何よりもチームへの貢献が自身の市場価値を上げることを熟知しているからそうなるのだ。サッカーや他の団体スポーツもどれも同じだ。

さて、ビジネスパーソンとは全く事情が異なる、別世界の話だと思うだろうか？

❷自律的に働く人材は会社を辞めてしまう？

自律的に働く社員はさっさと会社を見限ってより条件のよいところへと転職してしまう。確かに、より高い地位、収入を得るために転職するということは日本企業に勤める社員の間でも普通に行われるようになった。実際に人材市場が巨大産業となっており、転職というのはまったくもって特別なことではなくなった。これが、この30年の大きな変化とも言えるだろう。

さて、問題はその転職の理由が、自律意識を持ったからなのか、ということだ。企業が社員に対してキャリア自律を促し、その結果社員の自律意識が高まったために、人材流出を招くのだろうか？ 研修時に毎回、転職経験のある人たちに、前職が自律的なキャリア形成に取り組んでいたために辞めたのかどうかを聞いているが、皆無だ。

企業がキャリア自律を推進しようがしまいが、人は入れ替わりする、つまり人材の流動化は進んでいるのだ。**むしろ、企業が積極的に社員にキャリアの主体を移し、そのサポートをするということで、優秀な社員は自律的に働きやすくなり、辞めなくなるということ**

もあるのではないだろうか。

人材の普遍的なスキル・能力を高めるような投資は、人材流出を招くか？という問いに対して、INSEAD教授チャールズ・ガルニックらはこのように述べている。「組織が普遍的な投資を行うと、組織への信頼が回復し、より高いレベルのコミットメントとなる。自分で将来を切り開く力を自覚させ、プロとしての自律意識を醸成することが可能」。

人類学者マルセル・モースは『与えれば感謝される』と言っている。利他的な行為は、互恵的利他主義であり、社内に模倣される。なぜなら『人は真似をする動物』だからだ。ただし、逆にコミットメントの行き過ぎには注意が必要だ」。

以前、積水ハウスと共同研究を行い、キャリア自律研修受講者の受講前後2年間と非受講者の同じ時期の退職率を比較したところ、キャリア自律研修受講者は明らかに下がり、自律的キャリア形成につながるとされる社内外のネットワーキング行動などを行う率も上がっていた。また、研修受講者の研修前後の組織従順意識、早期退職・転職意識もほとんど変化がなかった。これにより、社内のキャリア自律を強調するような研修を導入したら退職率が上がるのではないか、という懸念が社内で払拭された。（『キャリア自律』を核と

した組織風土改革」人材育成学会第6回年次大会論文集　2008　参考）

それどころか、毎回「実は会社を辞めようか迷っていたが、研修を受けてみて、今辞めても自身の現在の力では社外で思うようなキャリアを作れないことを実感した。会社でまだやるべきことがいくらでもあることに気付かされた。将来辞めるにしても、それまでは今の仕事でしっかり力を付けて自分を磨いていきたい」というような感想が研修ファリシテイターである筆者に直接、あるいは受講後感想で必ず届く。

キャリア自律を推進する会社の取り組みが、逆に社員としてこの会社に留まろうというリテンション率を上げている、という一般の認識とは真逆の結果が出ているのだ。

研修を受ける前は辞めることを考えていた人が、実際に自律的に働くようになった結果、そのまま長く会社で働いている、という報告も多数受けている。なぜか？　それは、自分の思うような働き方が出来るようになり、辞める理由がなくなったからだ。

そもそも「キャリア自律」とは何なのか？

いまや一般に使われるようになった、キャリア自律だが、そもそもこれはどのようなことを意味するのかを、ここで確認しておきたい。まずは、2つに分けて考える。

1 キャリア

あなたが考える、キャリアとはどのようなものだろうか。ぜひ言語化してみてほしい。

いかがだろうか？ 多くの人は、経歴、仕事の経験、職業の積み重ねのように答える。

これはもちろん正しい。ただ狭義の意味において。
では、広義ではどうなるだろう。

- 人が生涯を通じて関わる、一連の労働や余暇を含むライフスタイル（マクダニエル、1978年）
- 人が生涯に行う労働と余暇の全体（シアーズ、1982年）
- 職業／自己実現／個人の生活行動の構成要素／役割期待／社会的役割／社会移動（アーサー、1989年）

そう、プライベートである余暇も含むあなたの生き方そのもの、という定義は昔からなされている。それが、いまや一般的な認識となってきている。

前出の3人の子育てをしながら働くお母さんが、10％でも「仕事」があれば人生が楽しくなる、と言っている所以だ。どのようにオン・オフを切りわけるか、ではなく、どう調和し、統合し、組み込むかがあなたの人生を豊かにすることに必要な発想だということだ。

ちなみに、キャリアを考えるとは、“Who are you?”という質問に答えるということだ。

「おまえは一体何者なのだ？」と聞かれたときに、単に経歴やスキルだけではなく、自分は一体どこからきて（過去）、今何をしていて（現在）、これからどこへ向かおうとしているのか（未来）、を言語化することが必要だ。

特に採用において、新卒の学生にはまだ難しくとも、転職だとそれが問われるのだ。

2 自律

さて、その広義のキャリアの「自律」について考えたい。これも、ぜひ言語化してみていただきたい。

いかがだろうか？

自律という言葉は、自立と混同されて使われている。専門家でさえもだ。どう違うか？

・自立＝自分の食い扶持を自分で稼ぐ。独り立ちする。
・自律＝自ら仕事を創り出し、自らの責任でおいて行う。結果も含めてすべて自ら負っていると意識すること。

社会人である以上、まず自立することは最低限求められる。一方、自律はそれとは比較にならないくらい高度なものだ。組織においてこの自律的に働いている人が少ないことからもそれがわかるだろう。

さらに、自律の意味を際立たせるために、反意語を考えてみてほしい。

いかがだろうか。従属、依存という言葉が上がることが多い。

それを別の表現にすると、「他律」になる。つまり、自分でコントロールするのか、他人がそうするのか、ということだ。これはあなたの現状を指すのではなく、あなたの姿勢そのものだ。自律は先に出たようにシンドイ。だから、何もしなければ自動的に他律になるということだ。他の誰かがあなたの人生をコントロールするということだ。

フォーチュン誌で20世紀最高の経営者にも選ばれた、GEのジャック・ウェルチ元CEOは、着任早々社員に向かって

「雇用は守れない。しかし、あなたがどこに行っても働ける能力を身に付けられるよう、会社は最大限努力する」

と宣言して、社員だけでなくステークホルダーを仰天させた。米企業なら当然だと思うかも知れない。しかし、後ほど出てくるように90年代はじめまで優良な米企業は、日本的な経営をお手本とし、長期雇用、年功的給与運営、労使協調だった。GEもまたその一例だった。しかし、それによって不採算事業を多く抱え、縦割り経営による無駄も多く41万人のコングロマリットは青息吐息だった。

そのような状況下、生え抜きでトップに上り詰めたウェルチはこのような宣言をしたのだ。そのインパクトが想像できるのではないだろうか。

そして、このように言った。

“Control your destiny, or someone else will.”

（あなたの運命をコントロールしなさい、さもなければ誰か他の人間がコントロールしようとする）

これが、自律をとらないと他律になるということを端的に言い表している。**キャリアの責任は社員自身にあることを明確に訴えたのだ。ただし、突き放すのではなく、そのために会社は最大限支援するという宣言をしたのだ。**

短期間に多くのM&Aによって事業を売却・買収しニュートロン（中性子）ジャック、と恐れられた。

しかし実際、GEは世界中に多くの経営者、マネジャーを輩出する人材輩出企業となった。ウェルチは約束を守ったのだ。

コロナ禍によって社員にバレてしまったこと

さて、コロナ禍下で働く間に社員が気づいてしまったこととは何だろうか。これも挙げてみていただきたい。

会社に行く必要がない、会議が要らない、中には上司が要らない、と言う人もいる。すべてその通りかもしれない。ただ、それよりももっと経営者や上司にとって都合の悪いことが社員にバレてしまったのだが、それは何だかわかるだろうか。

そう、経営者や上司が、このコロナ禍においてどうすればよいか、という答えを持っていないということだ。方向性を示して、社員を的確にリードすることができない、ということを社員がみなわかってしまったのだ。

一方でこれはちょっと考えてみれば当たり前のことで、コロナ禍はどんなにビジネスや人生経験が豊富であっても、新入社員同様に初体験だったからだ。だから、そのような環境下でどうすればよいのか、ということはわからなかったということだ。これは組織のトップという点では、国の首相、大統領も同様だ。あいにくコロナ禍で白日の下に晒されてしまったのだが、実はそれ以前からわかっていたことなのだ。

たとえば、コロナ禍前に盛んに言われていたのがＶＵＣＡ。Volatility（不安定）Uncertainty（不確実）、Complexity（複雑）、Ambiguity（曖昧模糊）の中で、我々は働き、生活をしている。あるいは、これも盛んに言われていた、Disruption（破壊）。創造的破壊、破壊的イノベーション。

要は、過去の成功体験、経験則が全く役に立たないどころか邪魔になるということだ。だからこそ、顧客接点を持つ、顧客に近い一人ひとりの担当者が、何をやるか（Ｗｈａｔ）、なぜやるか（Ｗｈｙ）を考え、自律的に働いてもらう、つまりリーダーシップを発揮してもらうことが必要になったということだ。だから、外圧によってではなく、「キャリア自律」が必要だ、そうでないと会社の将来はない、と心ある経営者、人事責任者は理解し、それを推進しようとしているのだ。

以前であれば長期雇用を前提に、役職者は権威によって有無を言わせず社員を従わせることが可能であった。**しかし、一人ひとりに自分で考えて動いてもらうためには、対等な関係で個として向き合う必要がある。そのためには、常に情報共有すること、真実を語ることが重要である。**それが大人として扱うことであり、そうでなければ、働く個人は正しい状況理解ができないし、上司や会社を信頼することはできない。

一方、働く個人にとっては、与えられた問題文を解くという受験の延長ではない発想が必要。つまり、問題文をつくる、つまり課題発見・仮説構築ということを一人ひとりが行う必要があるということだ。それには自分の頭で考えて、相当頭に汗をかかなければならない。環境の変化によって、リーダーシップを発揮することが一人ひとりに求められている。

column 一人ひとりの人材がリーダーシップを発揮するために組織に必要なこと

働き方改革でも高まらなかった日本の生産性

1 対外比較で生産性を落とし続けている日本

コロナ禍前まで日本企業がこぞって取り組んでいたことを思い出してみていただきたい。それは、2019年4月1日から試行された働き方改革。残業が多いキツい職場、サービス残業をさせられるような会社は、ブラック企業というレッテルを貼られ、人材、特に新卒の学生から嫌われたこともあって、業種にかかわらず熱心に残業の削減に取り組んだ。その結果、日本企業における労働時間はかなりの改善を見た。あなたの会社でも残業が大幅に減ったという実感をお持ちであろう。

さて、各企業が残業削減に成功し、その結果日本の生産性は上がったのだろうか。

国内においては、直近のデータ取得可能な2021年度の時間当たり名目労働生産性は+1・2%、実質ベースの一人当たり労働生産性は+2・2%、ともに回復に転じ、前年度を若干上回っている。ただ、これはコロナ禍の影響が出た前年に大きく落ち込んでいるという事情がある。

では、海外との比較ではどうだろうか。

日本の時間当たり労働生産性は49・9ドルで、これは米国の6割弱にすぎず、OECD（経済協力開発機構）平均60・9の8割。加盟諸38ヶ国中、27位だった。

日本の一人当たり労働生産性（就業1時間当たりの付加価値）は同29位だった。

共に、データ取得可能な1970年以降最低であり、G7（主要先進7ヶ国）では最下位。平均賃金は、OECD加盟国中24位でありG7では最下位。国民一人当たりGDPは、23位で過去最低だった。

ちなみに、1996年の時点では5位で、G7では米国に次ぐ2位だった。80年代にジャパン・アズ・ナンバーワン、と持ち上げられたかつての面影はなく、暗黒の

$$生産性 = \frac{\text{OUTPUT（付加価値、生産量）}}{\text{INTPUT（労働投入量、人数・時間）}}$$

30年の間に日本の経済は凋落の一途を辿っていることがおわかりであろう。

海外旅行に行くと、あまりの物価の高さにひるんだ経験をお持ちの人も多いだろう。欧米は当然だが、かつては東南アジアに行けば、円の強さを実感できたものだが、今やそれも極めて限定的だ。

2 生産性の定義～海外のライバル企業がやってきたこと

では、なぜ残業を減らしても日本の生産性は上がらないのだろうか。それには、生産性の公式を確認しておく必要がある。非常に単純だ。日本では官民挙げて、このＩＮＰＵＴを減らそうとした。それが働き方改革だ。そして確かにＩＮＰＵＴは確実に減った。しかし、国際的に見ると日本の生産性は大して上がっていない。これはどういうことだろうか。生産性を上げるには、確かにいままでと同じＯＵＴＰＵＴを、より短い時間で行う、より少ない人数で行うことが利いてくる。しかし、それは効率アップにしか過ぎず限定的な影響しか与えない。海外のライバル国がひたすらやってきたことは、単位時間あたりのＯＵＴＰＵＴを、極大化することだ。これが効果・成果を生み出すことであり、生産性向上に大いに貢献する。むしろ、ＩＮＰＵＴのことなど気にせずに、どうやったら爆発的なＯＵＴＰＵＴを生むかを考え、イノベーション、デジタル化、新産業の創出にまい進してきたのだ。日本は内向きに効率アップに取り組んでいる間に、効果・成果の点で決定的に差をつけられたのだ。

ＩＮＰＵＴは目の前の仕事、今期のプロジェクトに向けられるものだ。それに対して、ＯＵＴＰＵＴは、将来に向けられ、少なくとも短期的な視点ではない。今日の飯の種ばかりにエネルギーを注いで、明日の飯の種のことを考えていなければ、ビジネスが先細りになるのは目に見えている。さらに、後者は経営者や経営企画、商品サービス企画の人間だけが考えているのではおぼつかないのだ。全員で常にヒントやチャンスを探索していなければイノベーションが起こる確率は上がらないのだ。

第 2 章

リーダーシップを発揮できる環境

パーパス、コア・バリュー、ビジョン

人材が自律的に何をやるかを考え、リーダーシップを発揮するために組織として必要な要素について述べたい。

まずは、組織が何のために存在し、何を大切にし、どこへ向かうのかという方向性が明示されていない、もしくは共有されていない状態で、社員自ら何をやるかを考えさせるのは無理な話だ。もしそれをやったら、組織のベクトルがバラバラになってしまう。あなたの働く組織のパーパス（存在理由や目的）、コア・バリュー（基本的価値観）、ビジョン（将来のありたい姿）を書いていただきたい。

いかがだろうか。一つずつ見ていきたい。

①パーパス（目的）

企業の存在意義。何のためにこの組織は存在し、何のためにその事業や活動を行い、何を実現しようとしているのか。これは、創業時に設立趣意書に記載されているはずのもので、基本理念、経営理念、社是というように企業によって呼び方はさまざまだ。

一方、多くの企業ではそれを、社長室に掲げているだけ、会社のウェブサイトに掲載しているだけの例もよく見受けられ、一般社員ならまだしも、幹部社員に聞いても、はっきりと答えられないことがままある。

本来、基本理念は不変のもので、これを変えてしまったら別の組織になってしまう。しかし、その表現が世の中の変化により時代にそぐわなくなってきたり、しっくり来なくなったりすることもある。そのため、新たに「パーパス」と言うことで、再定義を行う組織が近年増えている。

いったん入った組織に終身いることが前提であった時代には、考える必要がなかった。しかし、今や組織で働く個人にとっては、なぜこの組織で働くのか、という個人の目的と重ね合わせ、個々人の目的意識や主体性、所属感を持ってもらうために、非常に重要だと認識されるようになったからだ。

ジム・コリンズ、ジェリー・ポラスの名著『ビジョナリー・カンパニー』（日経ＢＰ）では、次のように定義している。

●目的…単なる金儲けを越えた会社の根本的な存在理由

・何のために我々は存在しているのか？

・我々はどうなりたいのか？

サイモン・シネックの『ＷＨＹから始めよ！』（日本経済新聞出版）もよく読まれているが、人々をインスパイアするリーダーは、例外なく、まずなぜやるのか（ＷＨＹ）を明言している。そのためにどうやってやるかの手法（ＨＯＷ）、そして最後にすること（ＷＨＡＴ）を説明する。

②コア・バリュー（基本的価値観）

組織がこれだけは変えられない、こだわり続けるという、大切にしている価値観だ。同じく、『ビジョナリー・カンパニー』では、次のように定義している。

●基本的価値観…組織にとって不可欠、不変の主義
・我々は何を大事にしてきて、これからも大事にしようとしているのか？

このコア・バリューというものは、やはり社内のどこかに書いてあるだけでも、組織のトップが年頭訓辞で述べるだけでもダメで、企業のあらゆる意思決定の際に拠り所となるものだ。

マネジャーが部下から相談を受けたときに、それは当社のコア・バリューと合っていないからダメだ、と判断する。

担当者が、自ら判断する場面で、これは当社のコア・バリューに従っているから大丈夫だ、と確認する。

そのように浸透しているものとなっていなければならないのである。言い換えると、企業文化と一体化しているもの、あるいはその礎である、と言ってもよい。

③ビジョン(将来のありたい姿)

組織が将来こうなりたいという未来の姿を明確に表現したものだ。

同じく、『ビジョナリー・カンパニー』では、次のように定義している。

●ビジョン…将来のあるべき姿、その納得しやすい、力強い声明

「Moonshot(ムーンショット)」という言葉をご存じだろうか。ジョン・F・ケネディ大統領が、米国のアポロ計画「1960年代が終わる前に月面に人類を着陸させ、無事に地球に帰還させる」という、当時では夢物語のような壮大なビジョンを掲げた。そして実現した。

以来ムーンショットは、未来社会を展望し、困難なあるいは莫大な費用がかかるが、実現すれば大きなインパクトをもたらす壮大な目標や挑戦を意味する言葉として使われるようになった。

その後は民間企業においても、たとえばIBMはタイムレコーダやはかりをつくる会社（Computing-Tabulating-Recording Company）から、社名をＩＢＭ（International Business Machines Corporation）に変え、大型コンピュータシステム３６０の開発計画をぶち上げたのも、ムーンショットだった。原爆開発のマンハッタン計画を上回る70億ドルの巨費を投じて、既存自社製品の陳腐化をあえて実行した。それが今のＩＢＭを作ったのだ。近年では、Googleなど先進企業においても企業戦略としてムーンショットを発表している。

センスメイキング理論というのがある。これは、ストーリーテリング（物語を語る）によって、意思・方向性を持ち、それを信じて進むことで、客観的には起こり得ないはずのことを起こす力が人にはある、ということだ。自己成就、予期成就の法則という言い方もする。

優れた経営者やリーダーは、ストーリーを語ることによって、メンバーやステークホルダーの納得感や腹落ち感を呼び起こさせ、組織や周囲のステークホルダーを巻き込んで、客観的には起こり得ないような事態を、社会現象として起こせるということだ。

つまり「未来は創り出せる」ということだ。今の我々の世界は、数多くのビジョナリーたちによって創られてきたのだ。

人材マネジメント・バリューチェーンのアラインメント（整合）

さて、そのパーパス、コア・バリュー、ビジョンは、それがどんなに明確であってもそれぞれが整合していなければ、組織で働く個人がリーダーシップを発揮するようにはならないのだ。

企業の活動にはバリューチェーン（価値連鎖）があることはご存じだろう。それが、人材においても存在しているということを意識したことはあるだろうか。

組織の基本理念のビジョンは、取り巻く環境が変わったり、あるいは組織が成長することによって変わる。そして、それをリードするリーダーシップがあり、実現するための人材像や組織のあり方があり、それを担保する人事制度や施策があり、最後に人材がいるのだ。その人材が、顧客や社外に価値提供することによって、組織は機能する。企業であれば競争優位性を保持するのだ。

かつて成果主義の失敗によって、多くの人材の流出を招いた企業がある。その会社だけでなく、成果主義をこぞって入れたもののうまく機能しなかった企業はあまたある。むしろうまくいった企業の方が希だ。それは、成果主義が悪かったわけではない。問題なのは、人事制度・施策だけを変えたことだ。

基本理念も明確でない、ビジョンも示されていない、リーダーシップも変わらない（というよりマネジメントしかしていない?）、人材像も示されず、組織も変わらない、そのような中で、人材に対して今後は成果を計り、それによって賞与に大きな差をつける、ということをやってしまった。人材にとってはたまったものではない。だから、そんな企業に見切りをつけて辞めていったのだ。残った人材もやる気を失い（あるい

人材マネジメント・バリューチェーン（価値連鎖）

『人材マネジメント戦略』小杉俊哉著／日本実業出版社より

は最初からやる気がなかった人材が残り?）、当然のことながら価値提供することはできない。そして、企業の業績を落としたのだ。

拙著『人材マネジメント戦略』を発刊し警鐘を鳴らしたのは、１９９９年だったが、残念ながら多くの企業に響かなかった。

外からプロ経営者が入って来て、会社をダメにしてしまうのもこれによって説明できる。結果、長年築かれてきた企業風土・文化もズタズタになってしまう。その修復には長い年月がかかるのだ。

どこかの要素を変えるのであれば、すべての要素を合わせるアラインメントが非常に重要なのだ。業績の悪い企業は得てしてそもそもこの人材マネジメントの価値連鎖のベクトルが合っていない。これを合わせるだけで、うまく回り出す例も多い。また、今うまくいっているのであれば、他社がたとえ変えたとしても、自社は変えない方がいいかもしれないのだ。

さて、パーパス、コア・バリュー、ビジョンのそれぞれの位置を確認していただきたい。基本理念、ビジョンは価値連鎖の1番目と2番目でその重要性がわかる。コア・バリューは、チェーンの中には入っていないが、基本理念から人材に至るまでの連鎖の根底に流れているもの、それが風土・文化でありそれと表裏一体なのだ。

ちなみに、組織風土改革プロジェクトがなぜうまくいかないのかもこれで説明できる。

組織風土にアプローチしても、人材マネジメント・バリューチェーンがアラインされていなければ、形だけの変更や、多くの場合改悪に終わってしまう。

組織風土や文化はあくまで結果であり、バリューチェーンしながら変更していった結果、気がつくと当社の風土、組織も変わったなあ、とあとから認識されるものなのだ。

『人材マネジメント戦略』小杉俊哉／日本実業出版社より

心理的安全性

心理的安全性（Psychological Safety）は、以前からその重要性が指摘されていたが、広く注目されるようになったのは、2012年にGoogleが発表したプロジェクト・アリストテレスの結果がきっかけだろう。ちなみにこの名称は、古代ギリシャの哲学者・アリストテレスの言葉、「全体は部分の総和に勝る」からきている。

同プロジェクトでは、社内のプロジェクトチームをリサーチの対象とし、業績の高いチームと低いチームの差を5つの要因で説明した。その最初にくるのが心理的安全性の有無だった。

何かよいアイデアがひらめいたときに、すぐ発言し、すぐ実行できる。それが失敗しても、嘲笑されたり罰せられたりせず、引き続きチームの一員として尊重される（と本人が確信できる）ことだ。

心理的安全性の研究者として著名なハーバード・ビジネス・スクール教授のエイミー・C・エドモンドソンは、数多くの研究調査の結果として、チームの心理的安全性が高まると、学習意欲の向上、イノベーション、成長をもたらし、結果としてチームのパフォーマンスが上がると結論づけている。

そして、イノベーションが起こりやすい条件として「多様性の活用」と「失敗を恐れず挑戦すること」の2つが重要で、この2つの要素の「触媒」が心理的安全性なのだと述べている。（『恐れのない組織』エイミー・C・エドモンドソン著／英治出版　参考）

さて、翻って日本企業はどうだろうか。日本企業の場合、米国の特にIT企業のように突然多くの社員をレイオフするようなこともなく、ビクビクしないで安心して働けるから、心理的安全性が高いと考えるだろうか。

日本企業では人材は経営の柱と考える経営者は昔から多く存在する。たとえば、「経営の神様」松下電器産業創業者の松下幸之助は「人間大事」を掲げて、それが時代が変わりトップが変わっても社内で引き継がれていった。しかし、それが既得権益にあぐらをかき、甘えの体質を生み業績は悪化し、かつての輝きを失わせることにつながった。

2000年に社長に就任した中村邦夫は、『中村邦夫「幸之助神話」を壊した男』（森一夫著／日経BPマーケティング）という本も出版されたように、それまで何代にもわたって後任の社長が、幸之助が作り上げたものを変えられずにいた中、大胆にメスを入れた。「人間大事」＝人を大事にすることとスポイルすることとは違うと、2万人員削減や、過去の成功体験にすがっていた役員の排除、競争力を阻害する共同体的な要素も破壊の対象とした。大規模な早期退職を2001年に断行し「日本の終身雇用を潰した」とも言われた。その独断的な手法や、会長となり院政を引いたこともあり、社内での評判はかんばしくないが、人材の捉え方に関して、日本企業全体に大きなインパクトを与えたことは事実だ。

終身雇用、年功序列の弊害としてより年齢が上がり社歴が長くなるほど、給与も高くなり、それよりも活躍貢献している若手の人材のやる気を削ぐというデメリットが出てきた。彼らは窓際族と揶揄された。それは働かずとも雇用が保証され給与は自然と上がっていくから、他の社員に負担を掛けながらただ会社にいるぶら下がり社員、スネかじり社員ともいわれた。

さて、このような状態を許す組織は、心理的安全性があるから生産性が高い、ということにはならないのは言うまでもない。

タフ・エンパシー（厳しい思いやり）という言葉をご存じだろうか。マインドフルネスをGoogleに持ち込み、現在はその普及に努めるチャディー・メン・タンは、かつて同社の人材開発担当役員だったときにこのように語っていた。

「Googleには毎日思いやりがある。思いやりの実践は簡単だ。あなたの部下を目の前にしたときに、どうしたらこの人を幸せにできるか考えなさい。そうすれば、自ずと思いやりと配慮が出てくる。それができればあなたから指示する必要はなくなる。なぜなら部下の方から提案をしてくるようになるから」と。

では、Googleは社員を甘やかせる会社かというともちろんそんなことはない。幸せにする、という定義は広く、「このメンバーはこの会社にいても幸せになれない、とあなたが判断したときには、できるだけ早く率直にそれを本人にフィードバックすること」とも言っている。もちろん、その人にとってGoogleにいることだけが幸せになる道ではない、向いていなければさっさと次を探した方がよい、というアドバイスをするのも「思いやり」だということだ。これを、タフ・エンパシーというのだ。

本人にそのようなフィードバックをすることなく、50代前半になると役職定年、子会社出向、または転籍（いずれも大幅な給与ダウン）、あるいは上乗せ退職金を得て退職、という3つの道を選ばせるような日本の大企業と、どちらが思いやりがあるのか、その定義が異なるということだ。

DE&I（ダイバーシティ、エクイティ&インクルージョン）

DEIについては、前述の人材版伊藤レポートでもその重要性が強調され、また有価証券報告書にもその取り組みについて数値の開示義務が課されており、企業、特に公開企業にとって喫緊の課題だ。ただ、外形的に報告すればいいと捉えている人もまだ多くいると思われるのでそれぞれのポイントを述べたい。

①ダイバーシティ

ダイバーシティには2種類ある。

- Demographic Diversity（人口統計学的多様性）は国籍、年齢、人種、民族など変えられないもの
  ——Gender Diversity（性の多様性）は、そのひとつ
- Cognitive Diversity（認知的多様性）は、努力によって変えられるもの

――個性、ものの見方や考え方、理解の仕方、判断・決断の仕方などの認知が多様である

日本企業においては、女性活躍推進、女性の管理職比率を上げる、女性の役員を登用するなど、その多くがまだ統計学的多様性への取り組みに留まっている。

一方、認知的多様性は一人ひとりの顔が異なるように、ものごとに対する認知、思考の仕方は様々であるということだ。ぜひ覚えておいていただきたいのは、Gender Diversityの取り組みの次には必ずこの認知的多様性が求められるようになる、ということだ。

ある調査では、Demographic Diversityの高さとパフォーマンスの相関は認められなかったが、Cognitive Diversityの高さとチームのパフォーマンスには明らかに高い相関があった。

- 思考の（認知的）ダイバーシティはチームのイノベーション力を20%高め、リスクを30%軽減する
- 認知的多様性を重視する企業は、重視しない企業に比べ、業績の達成率が2倍、好業績を上げている企業が3倍、イノベーティブで機敏な企業が6倍、より良いビジネス

成果を達成する比率が8倍

（『人的資本経営』岩本隆・吉田寿著／日本経済新聞出版　参考）

②エクイティ

エクイティは公平ということだが、以前ある企業の社長と話していたら、「女性管理職を増やせ増やせと外から言われるが、うちは男女の区別などせずに平等に扱っている。女性の方が上がってこないだけだ」と言っていた。これは、おおいなる勘違いである。

この社長が言っているのはEquality（平等）だ。男女関係なく等しく扱うということ。だが、女性はジェンダーを起因とするさまざまな不利益を被ってきた。たとえば、結婚、出産などのライフイベントにより、育児休暇を取得するという前提で、それは給与水準、昇格スピードなどに反映されてきた。

Equity（公平）は、それとは異なる概念だ。この例だと、女性であることで不利益を被ることがないよう、男性とは異なる手厚いサポートを行って、公正な機会を与えるということだ。もちろん、性別だけでなく、年齢、国籍、言語などが対象となる。

③インクルージョン

元々は、Diversity&Inclusionという組み合わせで、多様性の包括・受容ということで、多様性を認め、受け入れて活かすということだ。そのような姿勢を持ちリーダーシップを発揮する人を、インクルーシブリーダーという。

これに関しても次のような調査結果が示されている。

・リーダーがインクルーシブ（包摂的）であることによってチームのパフォーマンスが17％高まり、意思決定の質が20％高まり、チームコラボレーションは29％増える
（『人的資本経営』岩本隆・吉田寿著／日本経済新聞出版　参考）

いかがだろうか。決して無視できない差ではないだろうか。

従業員エンゲージメントとウェルビーイング

この2つの言葉もよく使われるようになった。これらも、人材にリーダーシップを発揮してもらうためにとても重要だ。

① 従業員エンゲージメント

かつては、従業員満足度調査を行っていた企業も、現在はエンゲージメント調査に切り替えている。なぜなら前述のようにたとえ本人は働くことに満足していても、それが必ずしもチームのパフォーマンスに寄与するわけではないことが明らかになったからだ。

また以前頻繁に聞かれたコミットメントという言葉も、エンゲージメントという言葉に置き換わった。コミットメントは日本では日産の元カルロス・ゴーン会長が流行らせた。必達目標と意訳し、約束した数字を絶対に達成すると約束させる、そして達成すれば褒美を、しなければ罰をというMBOと共に成果主義のあり方にハマったのだ。

しかし、これは乾いた約束だ。人と人がお互いと向き合いながら交わす約束は血が通ったものでなければならない。そのことから現在は婚約という時にも使われるエンゲージメント、という言葉が使われるようになったのだ。

特に従業員エンゲージメントというと、企業と従業員との信頼感の高さやつながりの強さを表す。単なる満足度ではなく、一人ひとりが今の会社、職場で働くことに意味や価値を感じ自ら貢献する意思をもって働いていることが、企業の業績への影響が高いという研究結果が数多く出されている。リンクアンドモチベーション社の調査でも、さまざまな企業のエンゲージメントスコアと売上高営業利益率や労働生産性との間に正の相関があることを示している。

②ウェルビーイング

ウェルビーイングとは、心身の健康に加え社会的な健康を含む概念で、コロナ禍で注目され、キャリア充足度の重要性が高まっている。

この2つは、米企業で盛んに言われるThe Great Resignation（大離職時代）、そして日本でも出ているQuiet Quitting（静かなる離職）への対策としても非常に重要であるという認識が広がっている。

この従業員エンゲージメントとウェルビーイングを二軸で見てみよう。

下図、右上の第1象限から反時計回りに、

①従業員エンゲージメントスコアが高く、ウェルビーイング度も高い会社が、あるべき姿

②従業員エンゲージメントスコアが低く、ウェルビーイング度が高い会社は、ぬるま湯

③従業員エンゲージメントスコアが低く、ウェルビーイング度も低い会社は、ブラックな職場

④従業員エンゲージメントスコアが高く、ウェルビーイング度が低い会社は、燃え尽き症候群

従業員エンゲージメントとウエルビーイングとの両立

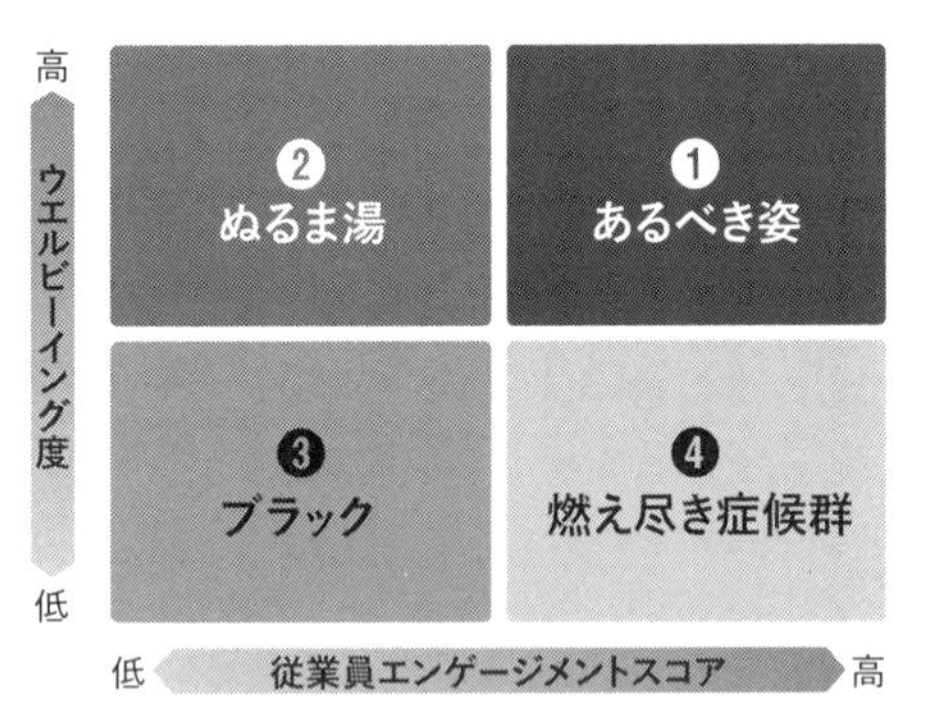

このように見ていくと、②のぬるま湯体質ではダメなことがよくおわかりになるだろう。

『人的資本経営』岩本隆・吉田寿著／日本経済新聞出版を元に筆者加筆

内発的動機づけ

かつて動機づけというのは、主に外から与えるものだと捉えられていた。動機づけを次のように3つのバージョンで示したものがある。

・モチベーション1・0…空腹を満たしたり、生存本能に基づいたりするもの
・モチベーション2・0…アメとムチによる「外発的動機づけ」で駆り立てられた次代のもの
——創造的な仕事には機能しない↓様々な実験で実証
・モチベーション3・0…楽しく、好奇心を持ってやれるかどうかなど、仕事自体を自己目的化したもの
——現在の環境において、やる気を引き出すには、いかに「内発的動機づけ」に働きかけるかが鍵

(『モチベーション3・0』ダニエル・ピンク著/講談社　参考)

今日の日本におけるほとんどの仕事は、またほとんどの人にとって仕事は、創造的なものになっており、そうでない場合も自ら創意工夫して生産性を上げることが求められている。にもかかわらず未だにMBOによって、目標を達成すれば賞を、達成できなければ罰を、というアメとムチの制度を使い続けているのはどういうわけだろうか。

このように、恐れ、報償、成長の機会などを与えることによって、本人の動機に刺激を与えるやり方を「外発的（外的）動機づけ」という。

それに対して、モチベーション3・0で示されているように、自分の内側から動機を持ってもらうことを「内発的（内的）動機づけ」という。

では、内発的動機にはどのようなものがあるだろうか。たとえば、内発的動機を測るツールを提供しているAttunedでは、次の11に集約している（https://www.attuned.ai/jp/home/）。

- 利他性
- 自律性
- 競争性

・フィードバック
・ファイナンス
・創造性
・成長
・合理性
・安全性
・社交性
・ステータス

これを測ることで、一人ひとり動機は異なることがわかり、組織のトップにとっては、たとえば自分の動機を押しつけても動かないことがわかり、どのような仕事の仕方を用意すれば動機づけられるかも理解できる。

多少恥ずかしいが、筆者の例を挙げると、高いのは創造性、成長、競争性、社交性、利他性といった項目。これが満たされていれば動機づけられ、満たされていなければ内側から動機が起きにくいのである。

逆に、ファイナンス、安全性、といった項目が低く、（もちろんお金は大事だが）金を積まれても動かないし、安全にやるということに興味がない（リスクがあるようなことの方が燃える）ということがわかる。私の上司は、それにあった仕事をアサインすることで、私のやる気を引き出せるのだ。また、定期的に本人に届く質問に答えることで、内発的動機の充足度を知ることもできるのだ。

column

人的資本経営がなぜ求められるようになったのか

一人ひとりの人材がリーダーシップを発揮するために組織に必要なこと

まずは、人的資本経営とは何か。

「人材を資源ではなく、資本として捉え、企業が価値創造を行い成長するためには、人材の採用や育成は企業に欠かせない投資の一環であると考える経営」のことだ。資源は、使用によって消耗する資材であり、材料としてマスで管理するものだ。一方、資本は運用によって増減する財産だから、貴重な財として個々を尊重する、ということになる。会計的にいえば、財務諸表の損益計算書のコストではなく、貸借対照表の資本、あるいは資産の部に計上するという意味合いを持つ。

なぜ、そのような位置づけにしようとする流れがあるかというと、かつて企業の価値のほとんどが有形固定資産だった。しかし、今や市場価値に占める無形固定資産の割合は90％に達し、その最大の要素は人的資本だからだ。

「人的資本は、企業にとって最大の資産」Human Capital as an Asset（世界経済フォーラムレポート　参考）という認識になるのは当然だということがおわかりになるだろう。

なお、資本、資産という言葉が混同して使われているが、厳密に区別する必要はないと考える。なぜなら、現状では会計的に人材に係る費用を、資本や資産にできるわけではなく、あくまで概念的にそう捉えるということでよいからだ。

経営戦略、人事戦略において人的資本の捉え方は新しいものではない。たとえば、このような記述をご紹介したい。

「人材の捉え方は資源（リソース）から今後は、資産（アセット）へと変化しさらには、資本（キャピタル）と捉える方向性にある」

「ということは、ROI（Return On Investment）を見ることになり、リターンの低い投資は見直していく必要がある、ということになる」。

S&P 500 企業の市場価値構成

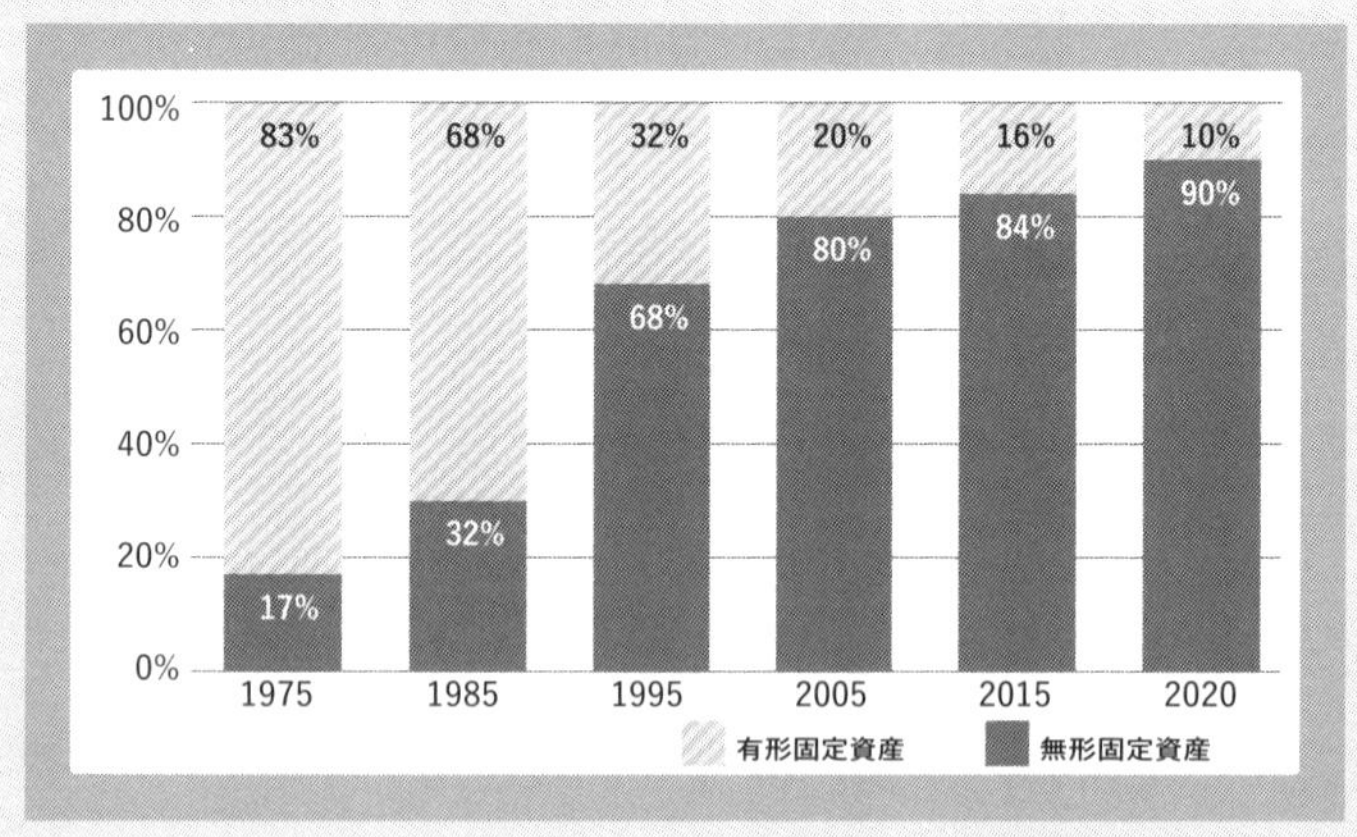

（OCEAN TOMO HPより引用）

手前味噌だが、これは前述の1999年に上梓した拙著『人材マネジメント戦略』に書いているものだ。今企業が人的資本への投資に一斉に舵を切ろうとしているが、それに対してその後起こることへの警句も拙著で述べている。

さらに、それより以前から、ゲーリー・ベッカーが経済論文『Human Capital』（1964年）にて、人間を、教育や訓練などの「投資」の機会を受けると価値が向上する資本と捉えた分析を行ったことにより、経済学、社会学に大きな影響を与えており、ベッカーは1992年ノーベル経済学賞を受賞している。さらにさかのぼれば、アダム・スミスが『国富論』（1776年）で、道具や器具、建物、土地と共に、固定資本のひとつに人的資本を挙げているのだ。

さて、我が国で急にそのような動きが加速されたのが、2020年に「持続可能な企業価値向上と人的資本に関する研究会 報告書」通称『人材版伊藤レポート』が発行されたことがきっかけだ。

そこでは、マネジメントの方向性も「管理」から人材の成長を通じた「価値創造」へと変わり、人材に投じる資金は 価値創造に向けた「投資」となる。そのためには「自律的なキャリア形成」の支援が必要、と謳われている。

組織と個人は対等な大人同士の関係

2022年に出された『人材版伊藤レポート2・0』では、相互依存から「個の自律・活性化」、囲い込み型から「選び、選ばれる関係」への変化を明示している。筆者としては、自身が長年訴えてきたことをよくぞ示してくれた、という思いと、やれやれ、やっとかという両方の思いが錯綜している。

これも手前味噌になってしまいお許しいただきたいのだが、それより20年前の、2002年刊の拙著『キャリア・コンピタンシー』（日本能率協会マネジメントセンター）にある。

・「育成」は、かつては人材の長期的囲い込みを前提に、企業側が主体でいかに人材を企業のニーズに当てはめていくか、その手段として使われていた

・今後は「育成」責任は個人に移り、個人主導でキャリア形成を行い自己実現していくか、それを企業が支援するというように変わっていく、その転換点に来ている

・個人対等型（大人同士の関係型）人材マネジメントへ移行が必要だ。育成の主体は個人になるが、会社のニーズに当てはめていくのではなく、社員のエンプロイアビリティ（雇用能力）を高めるような、教育、育成をしなければならない

会社や個人双方の努力があって、その関係が継続する。それは大人の関係であって、

いったん会社に入ったら、あとは会社が生涯面倒を見てくれる、ということはもはや期待できない。また、釣った魚には餌をやらないというように社員への投資とリテンション（いてもらう）努力をしないと、どこかへ逃げてしまう。日本企業は、社員は放っておいてもいるものと考え、長年能力開発の機会提供、支援を怠ってきたのではないか。

双方の努力があって初めて長期的に健全な関係が継続するのであって、どちらかが努力を怠ればその関係は破綻するという、まさに夫婦のような相互努力によって成り立つのである。大人扱いするということは、子ども扱いしないということだ。当たり前かと思うかも知れないが、組織の上層部だ

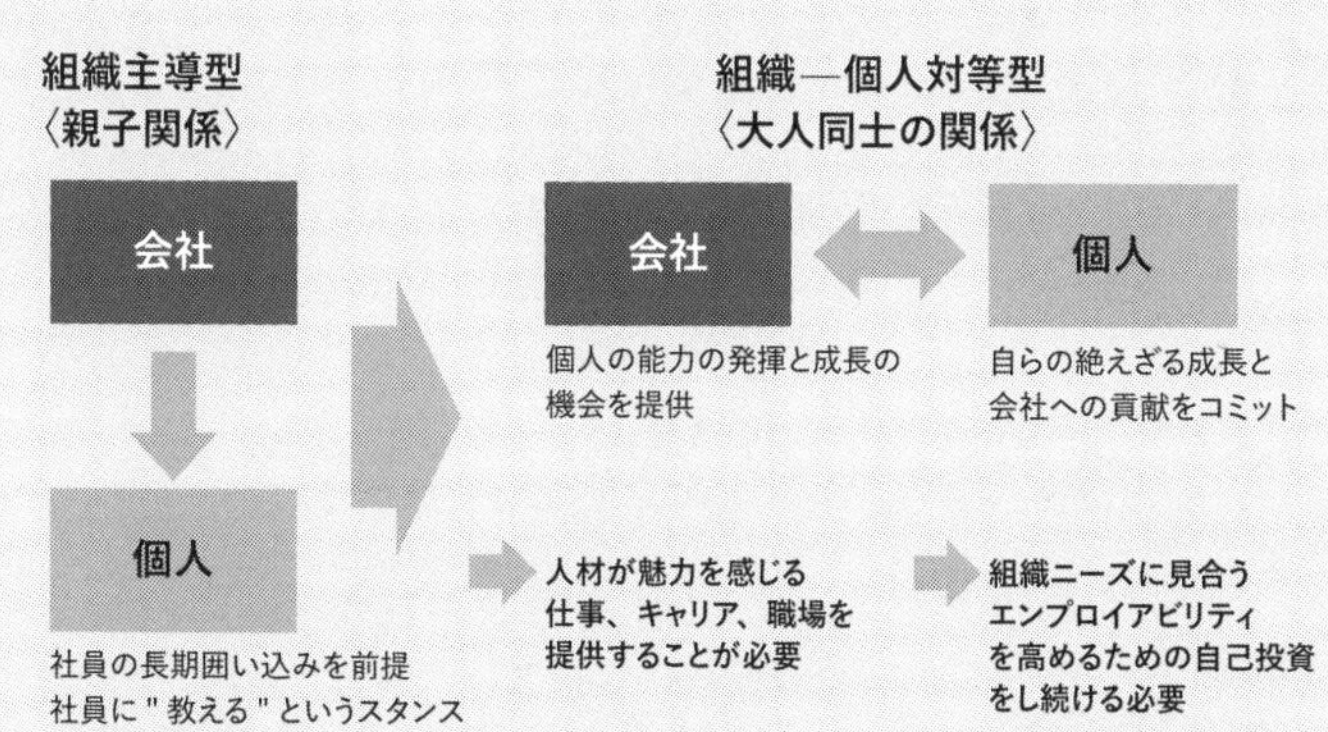
組織ー個人は対等にWin-Winの関係を指向する
組織主導型
〈親子関係〉
会社
個人
社員の長期囲い込みを前提
社員に " 教える " というスタンス
組織―個人対等型
〈大人同士の関係〉
会社
個人
個人の能力の発揮と成長の
機会を提供
自らの絶えざる成長と
会社への貢献をコミット
人材が魅力を感じる
仕事、キャリア、職場を
提供することが必要
組織ニーズに見合う
エンプロイアビリティ
を高めるための自己投資
をし続ける必要

けが情報を握っていて、それを正しくメンバーに伝えていない、というようなことはないだろうか。

・子ども扱い…真実はなるべく語らない、なるべく最後まで教えない（吸収合併、事業売却、リストラ、工場閉鎖）

・大人扱い…信頼関係をつくる＝真実を語る（情報共有）

そのように述べた本の出版からでさえ、すでに既に20年以上の歳月が流れている。『人材版伊藤レポート』研究会座長の伊藤邦雄一橋大学ＣＦＯ教育研究センター長が、経済産業省主催の関連セミナーで、もう後戻りはできないルビコン川を渡る覚悟で前に進むしかない、と表現していたのが、印象的だった。

第 3 章

リーダーシップスタイルの変遷

リーダーシップのスタイルとは

リーダーシップという概念はいつ頃から認識され始めたのだろうか。

古代エジプトや古代ギリシャなどにも、英雄は出てくるし、英雄の定義も残っているし、プラトンは哲人政治を唱え、その要件を生まれ持った才能、若いうちの体験、軍事的訓練、哲学的思考経験と定義している。しかし、当時はリーダーシップという概念はなかったと考えられる。

マキャベリが『君主論』を著し、君主とはどうあるものか、君主として権力を獲得し、保持し続けるにはどのような力量（徳、ヴィルトゥ）が必要かなどを論じたのが、16世紀初めのことである。しかし、『Oxford English Dictionary』によると、リーダーという単語は14世紀に存在したが、リーダーを概念的に捉えるリーダーシップという言葉は、19世紀中頃になって用いられるようになったそうだ。

学術的な取り組みということに関しては、リーダーシップの研究は、他の学問分野に比べてかなり新しく、１９４０年代に始まったと言われている。この段階では、まず最初がリーダーの個性（trait）により自然発生的に現れる、と説明された。
このあとの時代の学術的研究の流れは、それぞれのスタイルの説明に合わせて付言する。

さて、このようなリーダーシップの研究は1940年代からであっても、当然ながらその前からリーダーシップはあり、リーダーは存在していた。それを時代の流れで説明していきたい。もちろん、別のリーダーシップスタイルを取るリーダーももちろんいたが、それぞれの当時に代表とされるスタイルがあり、それが時代とともに変遷しているということだ。

そして、それらのリーダーシップスタイルは現在でもそのままの形で見られる。**読み進めながら、あなたの組織のトップや上司、そしてあなた自身のスタイルはどれに該当するのか、ぜひ確認していただきたい。**なお、それぞれのスタイルに該当するその時代の代表的人物の詳細は、拙著『リーダーシップ3・0』（祥伝社）に詳しく述べているので、そちらも参照いただきたい。

また、スタイルの詳しい説明はさておき、手っ取り早く違いを示してほしい、という方は、P121「各スタイルの整理」に進んでいただいても結構だ。

リーダーシップ1.0

Leadership1.0 権力者～中央集権

古代～産業界では1900年～1920年代まで

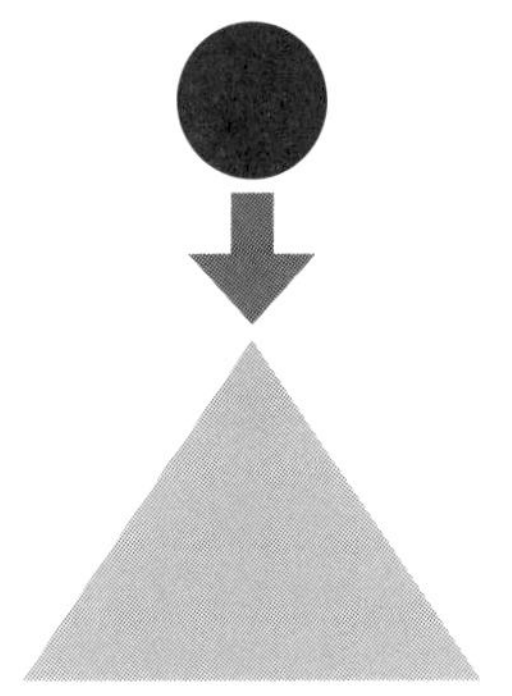

Command and Control

「リーダーシップ1.0」は、伝統的な上下関係に基づく指導型リーダーシップ。指揮官が部下に指示を出し、従属関係が強調される。強い指導力が求められる。

まずは、リーダーの原型と言えるスタイルから述べたい。

古代、中世、近世、現代に至るまで、リーダーは強大な権力を背景に下々の者を従えるというスタイルが一般的だった。国王、王侯貴族、荘園領主、藩主などだ。専制君主的とも言えるだろう。もちろん、中には自らの権力を振りかざすだけでなく、近代化を図り臣民のために尽くした歴史上の著名な君主もいた。しかし、それはあくまで例外であり、一般的には国を問わず身分制度の厳しい時代には、リーダーと付き従う者（フォロワー）という上下関係が厳密に存在した。近代的中央集権組織を構築したのが、軍事国家プロイセンの参謀総長モルトケといわれている。それまでの司令官は戦場で直接軍隊を率いていた。

しかし、モルトケは組織を人体になぞらえて、参謀本部のエリートが頭脳となって、職場の兵士を手足のように使う仕組みを作った。モルトケは戦場から遠く離れたベルリンの参謀本部から、電信機を使って全軍を指示をした。司令官は、中間管理層である直属の部下に命令を与え、それをまた部下に伝えた。部下は、直属の上司の命令だけを聞き、従う。そして49万人の兵士を自在に動かした。

権力者がヒエラルキーの頂点に立ち、指示命令により、中央集権的に組織を支配する。OSやソフトウェアになぞらえて、そのようなリーダーシップを、1・0と呼ぶ。

その近代の少数の幹部が末端の兵士を動かすという軍隊式中央集権的な仕組みを、初めて産業界に持ち込んだのが、フォード・モーターの創立者ヘンリー・フォードであった。

フォードは、それまで職人が一から組み立て完成させるというモノ作りの常識を革命的に変化させた。それまでばらつきのあった部品を規格化、簡素化し、組み立てを流れ作業にし、大量生産のための管理手法を導入した。これが1908年より生産されたT型フォードだ。職工は自分の担当の部品の取り付けや、調整を行うという自分のパートの単純作業を繰り返し行った。それには、ヒエラルキーにより上意下達を徹底し管理する必要があり、軍隊の管理手法が用いられたのである。

一方、職工が単純作業を長時間繰り返し行うことに対する不満を、従来の3〜4倍という高い賃金を支払うことで報いたのである。世間が仰天するような高い賃金を支払うことに対して、「社員が自社の車を買えるような水準にしたのだ」と答えたというエピソードがある。一方で、フォードが人間を機械の一部として扱ったということを示すエピソードもある。高い賃金を支払っているにもかかわらず、職人たちがいろいろと不満を言ってくるのに対して、「私は人手が欲しいと言っているのに、なぜいちいち脳みそをくっつけてやってくるんだ?」と、ぼやいたということだ。

いずれにしても、それまでは金持ちのおもちゃであり、庶民の手には届かない高嶺の花であった自動車という超高級品を大量生産によって、比較的安い値段で買えるようにしたのである。この中央集権的なリーダーシップは、瞬く間に他産業にも取り入れられるようになり、マスプロダクションの時代を迎える。

リーダーシップ1・0の危機

フォードは大成功を収めることになったのだが、一方で、自動車を自らの物にすることに喜びを覚えたユーザー達は、次第にどれも同じ真っ黒な色をしたかつての幌馬車の延長のようなデザインのT型フォードではだんだんと飽き足らなくなっていった。

ユーザー達は、いったん希望の物を手にすると、今度は自分の好みの色、形、性能を求めたのである。しかし、それらのニーズに応えるには、中央集権的な大量生産のあり方ではもはや対応ができなくなっていたのであった。ちなみに、人間が機械の一部に組み込まれた結果、精神に異常を来す様子を示し、機械化の波を皮肉った映画がチャールズ・チャプリンの『モダン・タイムス』だ。お気づきだと思うが、現代においても創業経営者やワンマン経営者は、このスタイルが圧倒的に多い。それが上手く機能しているのであればよいのだが、その弊害やリスクについて、考えていただきたい。これについては、あとから出てくる同じくカリスマ型であるリーダーシップ2・0のところで触れたい。

リーダーシップ1・1

Leadership1.1　権力者〜分権

1930〜50年代

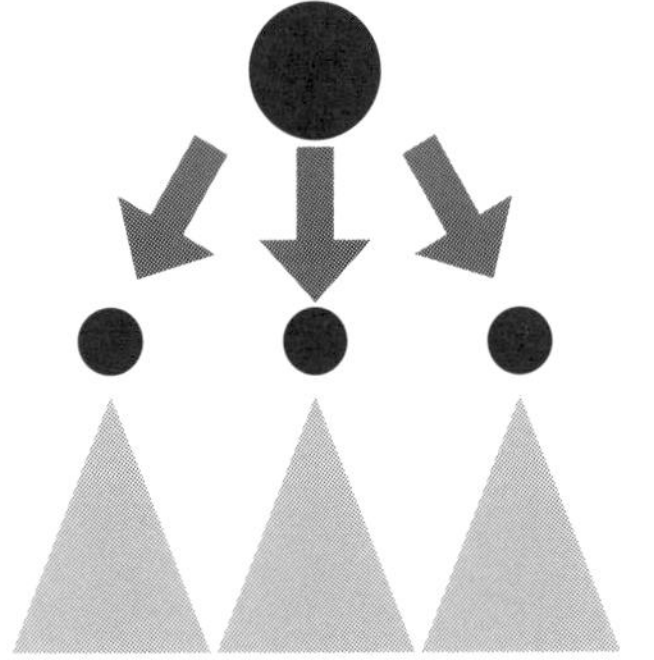

「リーダーシップ1.1」は、1.0の伝統的なリーダーが中心的な役割を果たす一方で、各機能や事業の責任者に権限を委譲し責任を持たせることで、組織全体をコントロールするスタイルをとる。

軍隊では可能であった、一人の司令官が組織の末端まで全てを仕切る、というやり方が、さまざまに特徴が異なる製品や複雑な事業を束ねるのには難しいという問題に、企業のトップは直面するようになった。そこで、まず出てきたのが組織を機能別にわけ、開発、製造、営業、管理など、それぞれに責任者を置き、その機能部門を任せるというやり方だ。

次いで出てきたのが、同じヒエラルキー型でも、組織を事業単位に束ね、ひとつの事業部に開発、製造、営業を置き、その責任を任せるやり方だ。組織のトップは、各機能、各事業の責任者に権限を委譲し責任を持たせることで、組織全体をコントロールするスタイルをとる。

フォードの大成功の後、主導権を握ったのはGM（ゼネラルモーターズ）であった。会社の成り立ちが買収を繰り返して出来上がったということもあるが、1920年にCEOに就いたアルフレッド・スローンは、最下級のシボレーから、少し車格が上のポンティアック、中級のオールズモービル、中上級のビュイック、最上級のキャディラックまで、様々なユーザーのニーズに対応したフルラインナップを用意し、またマーケティングの手法も導入し大きく成長した。

元は別会社だったが吸収し傘下に入ったカンパニーを運営するには、それぞれの事業部責任者を置くことが経営管理上有効であるとスローンは考え、そこで世界で初めて事業部制を敷いたのである。ちなみに、ほぼ同時期に事業部制を導入したのが、松下電器産業を創業した松下幸之助である。これらの事業部制を敷く手法は、分権によるリーダーシップという。しかし、組織全体からすれば、各事業部に分権していても、その事業部内においては、事業部長が権力により統制するという点において、やはり権力によるリーダーシップであった。次のバージョンに進化したということで、リーダーシップ1・1というように呼ぶことにした。

リーダーシップ1・1の危機

機能別組織は縦割りが強化され部門間の調整が難しくなった。事業部制組織は事業部内で上下関係が強化され、現場とマネジャー間の対立を深めることとなった。また、階層による厳格な管理、効率性重視による賃金のみによる動機づけは、従業員の独創性を削いでいった。さらに、事業部制はいったん経営者が指示や命令を下した場合に、それを見直したり、フィードバックを行ったりするプロセスを持っていなかったため、急激に変化する環境に対応しきれなくなっていったのである。

リーダーシップ1・5

Leadership1.5 調整者
1960〜90年代初頭

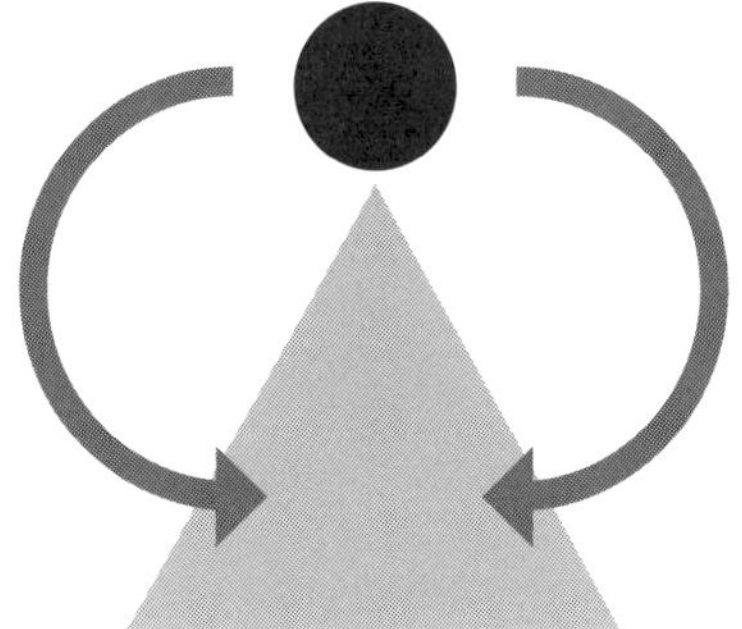

Coordination

「リーダーシップ1.5」は、組織全体に価値観と働く意味を与えること、雇用の安定を図るなど協調を促し、組織全体の一体感を醸成することにより組織を牽引する。

このスタイルのリーダーは、組織全体に価値観と働く意味を与えること、雇用の安定を図るなど協調を促し、組織全体の一体感を醸成することにより組織を牽引する。

第二次大戦後高度な成長を遂げた日本は、GNP世界第2位となり、そして60年代からその黄金期を迎え90年代初めのバブル崩壊まで絶頂期を謳歌した。相対的に資本主義をリードしてきた米国の競争力が低下し、自動車、家電品、精密機器など多くの産業で米国の企業を凌ぐ成長を遂げた日本企業が数多く輩出された。

そのような日本企業の成功の秘密を米国は熱心に研究の対象としたのである。その日本的経営は世界中から称賛と嫉妬を得、日本は繁栄を謳歌し、「もはや米国から学ぶことはない」という姿勢すら生まれた。その頃の日本的経営は、迷いなく自信満々であり、自らの成功の理由を考える必要もなかった。

逆に、それは海外の研究者たちから規定される。それらが、エズラ・ヴォーゲルの『ジャパン・アズ・ナンバーワン』（阪急コミュニケーションズ）であり、ウィリアム・オオウチの『セオリーZ』（ソニー・ミュージックソリューションズ）であった。

『セオリーZ』の副題は、“How American Business Can Meet The Japanese Challenge”で、日本語版では「日本に学び、日本を超える」となっている。

また、米国、米企業の凋落による危機感に端を発し、MIT産業生産性調査委員会が日欧米の産業比較を行ったのが『Made in America』（草思社）であった。そこでは日本的経営手法を米国、米企業が学ぶべきものとして高く評価されている。当時、マレーシアのマハティール大統領が「ルックイースト政策」（東の国を見習え）を唱えたように、アジアの国々もこの驚異的な復興を遂げた日本的な経営に憧れ、お手本にしたのである。

こうした著書の中でも、もっとも有名なのがトム・ピーターズ、ロバート・ウォーターマンJr.の『エクセレント・カンパニー』（英治出版）であろう。

本には、日本企業は登場しない。しかし、そこで取り上げられている米企業は、トップが経営の細部や末端の従業員まで、関心を示し、価値観の共有により組織全体を一体化させ、厳しさと緩やかさを併せ持ち、顧客を重視し、小集団活動により高品質の製品やサービスを追究する、分析とカンを組み合わせるという特徴を持っていた。これにより、目標を設定、達成する責任の共有、利益の共有、個人・組織人として成長する機会の共有、事業下降期の負担の共有など、いわゆる日本的経営を行っている企業であった。

それは、三種の神器といわれる「終身雇用」「年功序列」「労使協調」などの協調や調整により価値観を一体化させ、デミング博士の教えを忠実に実行し、品質向上、協調を競争力の源泉として、高品質の製品やサービスを提供していった日本企業と同様の経営手法であった。

その頃は、ＩＢＭ、ＧＥ、ＤＥＣ（ディック）、ＨＰ（ヒューレット・パッカード）、ＡＴ&T、Motorola、Intel、ＴＩ（テキサス・インスツルメンツ・インコーポレイテッド）、Ｐ&Ｇ、Johnson&Johnson、３Ｍなど優良企業と言われるところは、米国でも長期雇用に基づく経営を行っており、年功的な給与体系を運用していた。

リーダーは、従業員に関心を払い、彼らが何にワクワクするかを見つけだし、組織内に意図的に持続させる効果を生み出すことが重要と考えた。リーダーの役割は、価値観を提示し共有し、支社と本社スタッフの一体感を醸成し、企業文化を醸成し、従業員に働く意味を提供する調整役であった。

このようなリーダーの下、企業は、価値体系、シンボル、イデオロギー、言語、信条、儀式、伝説を共有し、強固な共同体となっていった。リーダーシップは、家父長的、運命共同体の船長的であり、それまでの権威によるものとはかなりの隔たりがある、ということで、リーダーシップ1・5と呼ぶ。

学術的には、１９６０～70年代には、コンティンジェンシー理論が唱えられ、リーダーの個性・行動の有効性は、その時々の状況・条件によるとした。その後、１９７０～80年代になると唱えられたのが、リーダー・メンバー・エクスチェンジ（ＬＭＸ…Leader-Member Exchange）理論だ。日々の業務を通じて繰り返され、「質の高い交換関係」が生まれれば好循環となる。

その後1980年代以降に出てきたのが、トランザクショナル・リーダーシップ（TSL）で、部下を観察し向き合い、心理的な取引・交換（トランザクション）を行う、つまりアメとムチを使う心理的管理型だ。

しかし、その後アメとムチによる管理は創造的な仕事には向かないという指摘がなされるようになったのは、前章で述べたとおりだ。

リーダーシップ1・5の危機

リーダーシップ1・5はそれまでの1・1の時代に終わりを告げる、理想のリーダー像に思えた。しかし、競争の激化に伴い、さまざまな問題が露呈してきた。価値観を共有させ、ラインと本社の一体感を醸成するため、本社スタッフ部門は肥大化した。また、当初は有効だった価値観に基づく行動パターンが次第に形骸化していった。

ジョアン・キウーラはこのような強力な企業文化のもっとも大きな弊害を次のように指摘している。「従業員が、仕事を離れたところで育てることが可能な（たとえば友情のようなものまで、どんどん職場に依存するようになったことだ。その結果、職を失った瞬間、

人は収入以上のものを失うことになった」（『仕事の裏切り』ジョアン・キウーラ著／翔泳社　参考）

日本企業に目を転じると、護送船団方式や日本株式会社と揶揄されながらも、日本の高度経済成長を支えた「企業戦士」は「24時間働けるジャパニーズ・ビジネスマン」であり、次のような特徴を持っていた。

- 公私の区別なし
- 滅私奉公、家庭を犠牲
- 「One for all」だが、「All for one」ではない
- 個人の目的不要、あるいは、いかにそれを組織に合わせるか
- コミットメントの行き過ぎ

そして、これらは長期雇用をベースに会社と個人が上下関係であった時代に非常にフィットした。現代のようなＣＳＲ（コーポレイト・ソーシャル・レスポンシビリティー）という概念が希薄だった時代だ。

しかし、ガバナンスがこれだけ強化された現代においても、社内の常識の前には、世間の常識や、法律もかすむというような事件がしばしば報道されている。それはどのような

事件か？　思いつくものを具体的に挙げてみていただきたい。

いかがだろうか。コミットメントの行き過ぎは、内側に向いた組織の論理が全てにおいて優先され、時に法をも犯してしまう。「長年にわたって～」、「会社ぐるみで～」というような形容詞がつくことが多い。たとえば、品質偽装、データ改ざん、粉飾決算などだ。弁護士によるともっとも相談件数が多いのが、カルテルや談合だそうだ。当事者は自らの懐に入れるためでなく、前任者から営々と引き継がれてきたことをやったまで、あるいはそのようにやらざるを得ない暗黙の圧力があったという認識である。それがたまたま、明るみに出て「事件」となるのである。そのような事件が次々と起こったのである。

また、長年にわたって会社ぐるみでという形容は当てはまらないかも知れないが、コミットメントとの行き過ぎという点で、過労死を挙げられた方もいるのではないだろうか。これも、1・5スタイルが生んだ弊害と言えるであろう。

さて、改めて述べるまでもなく日本企業は、頂点を極めた1991年のバブル崩壊後、急速にその輝きを失っていくのである。従業員に優しい企業風土が次第に、既得権益にあぐらをかき、馴れ合いや、部門間の垣根を作り内向きに働く姿勢が企業の活力をどんどん削いでいったのである。

そんな日本を尻目に凄まじい経済発展を遂げたのがアジアの国々、中でもシンガポールが出色だ。日本と同じようにというより、はるかに資源を持たない、そして日本よりもはるかに面積が小さい国が教育、娯楽、金融、ヘルスケア、人的資本、イノベーション、物流、製造・技術、観光、貿易・輸送において世界的な中心となった。多くの国際ランキングで上位に格づけされるようになった。一人当たりの国内総生産（GDP）が世界で2番目に高い。建国のリーダーとして、リー・クアンユーやゴー・ケンスイが有名だが、彼らを支えたシンガポール初代経済開発庁チーフ・エグゼクティブのフィリップ・ヨーは細かく管理するのを嫌った。ヨーの発言を引用する。

「人の力を最大限引き出そうとするなら、家父長的であってはいけない」

「人々に対しては、凧を扱うように、接する必要がある。彼らを高く放て。もし風がなければ、もう一度放ってみよ。上昇を誰もが必要としている。彼らが面倒を起こしたら、糸を巻いて引き寄せよう」

リーダーシップ2・0

Leadership2.0　変革者
1990年代

Transform

リーダーシップ2.0」は、カリスマ性により、組織の方向性を提示し、大胆に事業領域や組織の再編を行い、競争や学習を促し、縦割りの部門間、社員間の交流や活性化により組織を変革する。戦略コンサルタントなど外部のプロを採用することも多い。

このタイプのリーダーは、組織の方向性を提示し、大胆に事業領域や組織の再編を行い、競争や学習を促し、縦割りの部門間、社員間の交流や活性化により組織を変革する。

1・5スタイルのリーダーシップが機能しにくくなり、そこで出てきたのが、変革のリーダーシップである。変革の方向性、ビジョンを提示し、組織の再編、経営の再編成を大胆に行い、企業を再生させるリーダーが続々と登場するようになった。

また、大胆な変革を行うために社内外の成功事例を取り入れ、その多くは経営コンサルタントを雇い、新たな経営戦略を実行したのである。それまでの「なまぬるい」リーダーシップを否定し、毅然と大胆に行動するカリスマ性をもったリーダーを、大きく進化したバージョンとして、リーダーシップ2・0と呼ぶ。

その代表が第1章でも述べたGEのジャック・ウェルチである。ウェルチは、工業製品の大量生産・大量販売というパラダイムからいち早く脱し、製品とサービスをバンドリングさせた新しいビジネスモデルを構築することに戦略の重点をシフトした。そして、巨大企業が持つ一元的な価値観を、ベンチャーが持つ企業家精神と創造性を重視したものに変革した。

ジャック・ウェルチが、CEOに就任したとき、GEは、社員数41万人を抱える、官僚的で保守的な巨大企業であった。ウェルチのリーダーシップは、不確実性の高い時代に、組織のビジョンと価値観を明確に定め、組織のスリム化と経営再編成のために大胆な行動力を発揮した。

ウェルチは、嫌というほど同じ事を言い続け、理性と感情の両方に訴えた。そして、巨鑑を見事に蘇らせ、1999年には、フォーチュン誌にて、「20世紀最高の経営者」に選ばれたのである。GEを自己変革するリーダーシップ・エンジンに変えた。「誰でも」CEOになれるよう全社員を教育した。実際に、豊富な後継CEO候補を抱え、CEO人材を輩出している。元GEの社員は市場価値が高く、他社で活躍する人材が豊富にいる。まさに「人材輩出企業」となった。ウェルチは、自著で人材の育成こそ自分が成し遂げたもっとも大きい功績であり、「ピープル・ジャック」と呼んでほしい、と述べている。

このスタイルが機能するためには、カリスマ性が必要だ。そうでなければ、フォロワー=組織のみならずそれを取り巻くさまざまなステークホルダーに影響を与え、トップダウンで変革を断行することはできない。同時期に巨像IBMを見事に蘇らせた、ルー・ガースナーもまたカリスマたちであった。

学術的にも、90年代になるとトランスフォーメーショナル・リーダーシップ（TFL）が唱えられるようになった。

ビジョンと啓蒙が特徴で、明確にビジョンを掲げ組織の仕事の魅力を伝え、啓蒙し、新しいことを奨励し、部下の学習や成長を重視した。

それには、3つの資質、カリスマ、知的好奇心の刺激、個人重視（コーチング、学習を通じて成長させ、フォロワーに帰属意識を求める）が、必要とされた（バーナード・パス）。

リーダーシップ2・0の危機

そのようなカリスマ型リーダーに特徴的な傾向がある。それは、次のようなものである。

・権限集中、トップダウン
・経験に裏打ちされた明確な解答を持っている
・精緻なデータや事実に基づいて的確に判断

さて、リーダーシップ1・0の項で質問したように、カリスマ性の強い2・0スタイルのリーダーシップにも、その強さがゆえのリクスが当然伴う。それはどのようなものか、ぜひ考えてみていただきたい。たとえば次のようなものが挙げられるだろう。

・どうせトップが決めるのだろうと、社員は受け身、指示待ちになる、つまり自律的

には働かない
・意志決定のスピードが遅くなる（現場で意志決定できない）
・トップ個人の力量に依存するところが大きく、組織が個人の器を越えられない
・方向性が合っているときはよいが、明らかにずれていることがわかっても誰ものの申すことができない
・後継者が育たない

どうだろう。オーナー系企業をイメージしていただくとわかりやすいだろう。たとえば、後継者と目する人間を社長に据えても、結局頼りなく感じてしまう、あるいはリーダーシップ2・0の元CEOが後継者に対し、自分より社員から人望を集めてしまうことに嫉妬し、また自身が社長に返り咲くということはよく目にするだろう。さらに、新しいビジネスモデルが創造しにくい。また、破壊的イノベーションには対応しにくい。

ハーバード・ビジネス・スクール教授であったクレイトン・クリステンセンは、『イノベーションのジレンマ』（翔泳社）の中で、「存在しない市場は分析出来ない」と述べている。個人の経験値、成功体験が強すぎるトップが仕切っている組織は、ネットワーキング、イノベーション、知識・知恵の創造には適し難いというリスクがあるのだ。ネットワークが

広がり至る所でビジネスが創造され得る環境では十分な競争力となり得ないのである。

90年代のリーダーシップのキーワードは、「集団学習」であるが、マサチューセッツ工科大学スローン経営学大学院の教授であったエドガー・H・シャインは、「集団学習のプロセスには強制が介入する」ことを示し、ウェルチはGEの価値観、目標を絶対視させた「GE『教化』センター」と指摘している。（エドガー・H・シャイン『学習の心理学』 DIAMOND ハーバード・ビジネス・レビュー 2003年3月号 参考）

リーダーシップ2・0においては、そこに経営コンサルタントも大きな影響を及ぼしている。かつて、日本の企業運営に「戦略」という言葉はなかった。それを広く認知させるきっかけが、ハーバード・ビジネス・スクール教授マイケル・ポーターの『競争優位の戦略』（ダイヤモンド社）であった。そして、実際に企業トップが企業の戦略という、本来自らが考えなければいけないことを委託したのが、マッキンゼーやボストンコンサルティンググループなどの戦略コンサルティング会社であった。実際に大手日本企業はこぞって彼らを雇った。

しかし、いくら優秀なコンサルタントであっても、そうそう画期的な戦略提案ができるわけではなく、またどのコンサルティング会社に頼んでも、それほど違う提案が出てくることはない。なぜなら、みな同じように優秀なコンサルタントが、みな同じような分析のフレームワークを用いて戦略を立案するからである。そうして、どの会社も結果として同じような戦略を採用していったのである。

そのため、差別化を追求したはずが、戦略・戦術の同質化を招いた。どの会社も似たような戦略を取っていることは、簡単に見て取れる。それは、売り上げの規模は異なっていても、似たような収益構造になっているからである。かつての電機メーカーがその典型である。プレーヤーも多すぎ、そして需要低迷と共に共倒れを招いたのである。

わが国で90年代代表的な変革のリーダーといえば、ソニーの出井伸之元CEOだろう。「リ・ジェネレーション（第2創業）」、「デジタル・ドリーム・キッズ」などのキャッチーなビジョンを掲げて、「デジタル時代の国際標準規格を提唱したい」と語り、マスコミにも頻繁に登場し、一躍時代の寵児となった。委員会等設置会社にいち早く移行し、社外取締役を招き、執行役員制度を用い、米国流のコーポレートガバナンス（企業統治）を取り入れ、EVA（経済付加価値）による利益管理など経営へと大胆な変革を行った。しかし、伝統的なものづくりの強みから、コンテンツ重視への戦略の傾倒が会社の強みを奪っていった結果、大幅赤字となり方向転換を迫られるようになった。

当時取締役会議長であり、出井改革の理論的支柱でもあった、元一橋大学教授・多摩大学学長・三和総研理事長で経済学者の中谷巌氏は、当時の経営手法をのちに「合理的な失敗」と呼んだ。

「EVAは、モノになるかどうかわからない技術を上司に隠れて温める開発現場の習慣を絶やしてしまった」「14人抜きでソニー初のサラリーマン経営者になった出井は、創業世代と同じ求心力を持つため、常に『演出』と『改革』を必要とした。中谷はそれを『デコレーション（装飾）』と呼ぶ」（日本経済新聞2012年10月5日朝刊　参考）

他にも、前述の松下電器産業の中村邦夫、キヤノン第一期社長時代のキヤノンの御手洗冨士夫も挙げられると思う。注目すべきなのは、中村は米国駐在が11年、御手洗に至っては23年と、米経営者との交流も多く、共に米国の変革のリーダーたちを間近に見、自らのものとして吸収、消化していたという共通点である。

元日産のカルロス・ゴーンは、支援を仰いだルノーから送り込まれてきたプロ経営者だ。当時日本企業で生え抜き、本社で純粋培養されたトップで、変革のリーダーとして成功したという例をあまり見ない。日本人で特に生え抜きの本社で純粋培養されたリーダーは、概して変革のリーダーになり得ないのではないかと思えてしまう。

いずれにしても変革のリーダーの下、「チェンジ」「チャレンジ」「イノベーション」「トランスフォーメーション」「自転車はこぎ続けないと倒れる」と煽り立てるリーダーの存在や、組織の一体化や革新への圧力を感じ、人々は心理的に疲労していったのである。

リーダーシップ3・0

Leadership3.0 支援者

2001年〜

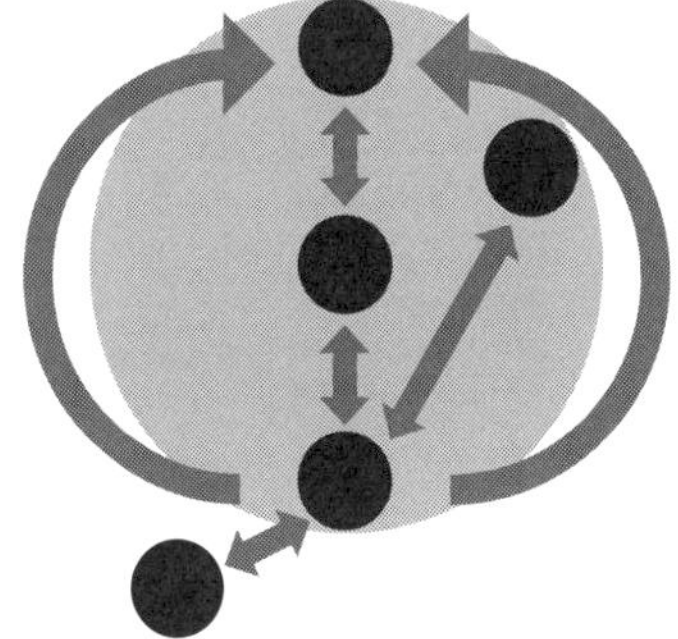

Support

「リーダーシップ3.0」は、理念を共有し、共同体意識を涵養すると同時に、個々と向き合い、地位に拘らずコミュニケーションを取り、働きかけて、組織や個人のパーフォーマンス（能力、成果）を引き出すリーダーシップ。

今世紀に入ってから、研究者だけでなく多くの経営者も指向する新しいリーダーシップの形は、リーダーが支援する側に回るというものだ。それまでとは全く異なるバージョンであることから、リーダーシップ3・0と呼ぶことにする。

リーダーシップ3・0のイメージとして、もっともわかりやすいのが、集団の後ろから見守りながらリードする、あるいはそれまでの階層型（ヒエラルキー）組織を逆転して、逆ピラミッドのもっとも下にリーダーが来て支えるというものだ。一方で、必ずしもいつも集団の一番後ろや、ヒエラルキーのボトムにいるということではない。

組織全体に働きかけ、ミッションやビジョンを共有し共同体意識を涵養すると同時に個人個人とも向き合い、地位に拘らずコミュニケーションを取り、働きかけて、組織や個人のパフォーマンス（能力、成果）を引き出す。組織全体にそのような場を整えるのである。また、そのコミュニケーションの対象は必ずしも社内に限定せず、社外の参画意識を持った人々とコラボレーションも促す。このようにして組織や組織内外の人々に対して、自身の「存在」そして「場」を作り出すことによってリーダーシップを発揮するのだ。

従来の延長上ではなく、いかに新しいビジネスモデルを創出するか、すなわち、いかに事業創造するかということが、言うまでもなく、組織、特に企業が生き残るための鍵だ。組織全体の価値創出のために個人の力を最大限引き出し、目標達成に向けて一体となれる組織が実現された時に、優れたパフォーマンスを発揮することが可能になる。ヒューマン・パフォーマンスは、個人や集団としての能力や、個人のモチベーションという観点から評価される、組織の人材の価値である。**それは、個人個人が自律的に動く時に初めて可能になる。そのような自律を引き出すには、リーダーは「支援する」ことが必要になる。**

支援者（Supporter）としてのリーダーは、ミッションを持ち、その使命感を持って事業創造を行うのだが、リーダー本人が必ずしも答えを持っている訳ではない。

有能な人材の智慧を集め（これを集合天才：Collective Geniusと言ったりする）、既存の技術や知識を用い、試行錯誤を繰り返すことによって初めて、新しい仕組みが出来上がるのである。したがって、リーダーのコミュニケーションは、メンバー一人ひとりと向き合う双方向性が必要になる。コラボレーションを絶えず促すような動きをリーダー自身がとる必要がある。

その点から、人間性や人間味も、非常に重要になる。メンバーは社内だけとは限らない。社外やネット上の参画意欲、能力のある人も非常に重要になる。正しいこと（What）は何か、なぜ（Why）やるのかを考え追究する姿勢が必要だ。様々なステークホルダーから、正しいこと、地球にとってよいことを行うことが求められるからである。

このようなリーダーシップのあり方は、昔の組織の先頭で、あるいは上から采配する強いリーダー像にとらわれていると機能しない。いかに過去のリーダーシップの呪縛から解放されるかが鍵になる。

このようなリーダーシップのあり方は、実はP22の、マネジメントとリーダーシップの比較表で見てもらった通り、もともとリーダーシップの典型的な特徴であると言えるのだ。

各スタイルの整理―あなたに該当するものは

さて、ここまで歴史の流れと共に各スタイルについて述べてきたが、冒頭に述べたとおり現在においてもどのスタイルも存在している。あなたはどれに該当するだろうか。

さらに、具体的なイメージをもってもらうために、いささか乱暴なのは承知の上で、リーダーシップのスタイルによる違いを一言で表現すると、どのようになるかを示した。参考にしていただきたい。

・リーダーシップ1・0　専制君主型『四の五の言わず、とにかく指示通りやれ！』
・リーダーシップ1・1　分権型『自分の与えられた仕事をきっちりやれ！』
・リーダーシップ1・5　調整型『組織のために頑張ってくれ！』
・リーダーシップ2・0　変革型『変化しないと死ぬぞ！　それにはこうやって変えなさい』
・リーダーシップ3・0　支援型『あなたのやりたいこと、強みを活かしたら何ができるかな？』

リーダーシップ1.0〜3.0への流れ

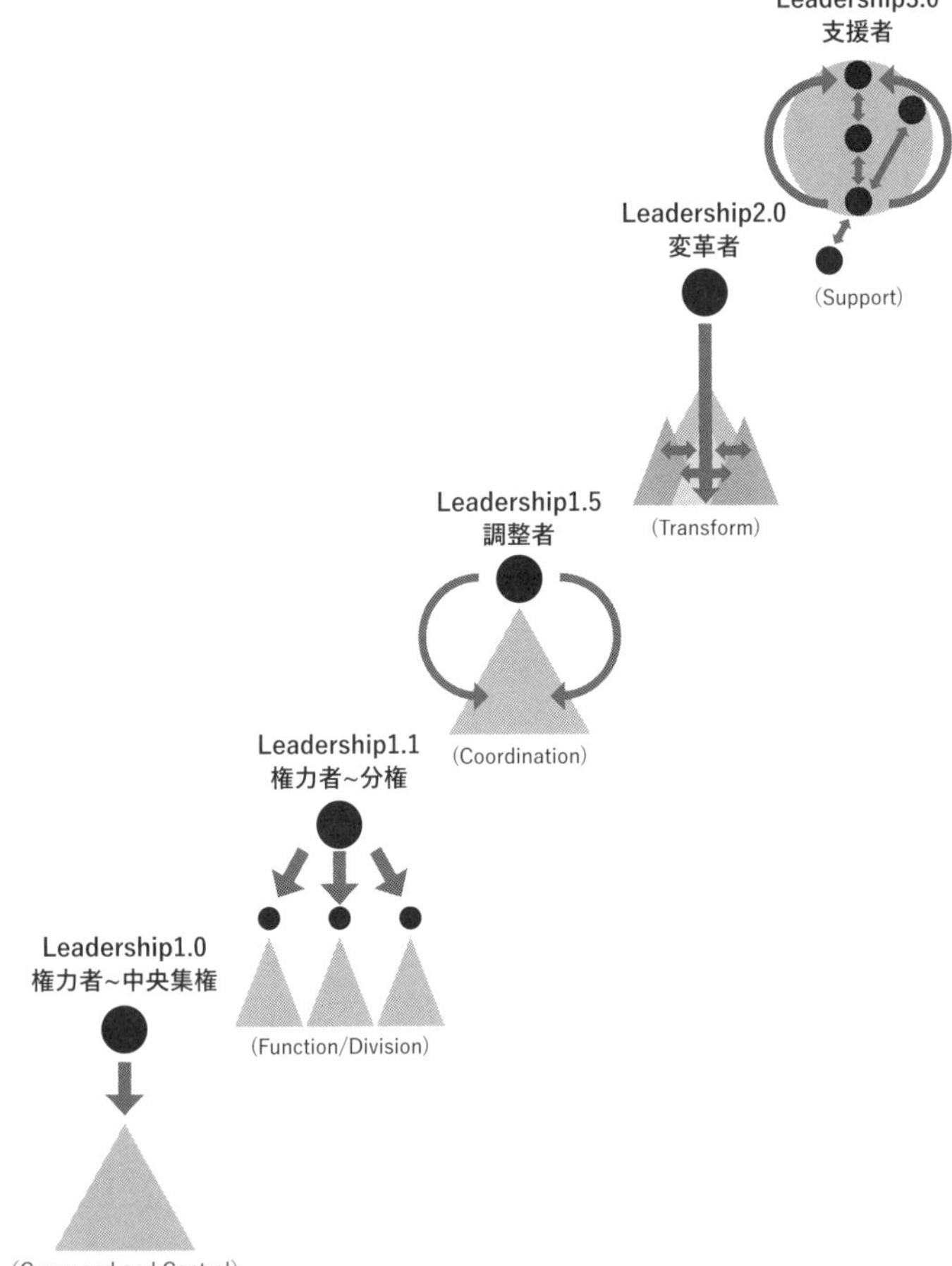
Leadership3.0
支援者
(Support)
Leadership2.0
変革者
(Transform)
Leadership1.5
調整者
(Coordination)
Leadership1.1
権力者~分権
(Function/Division)
Leadership1.0
権力者~中央集権
(Command and Control)

リーダーシップ1・5と3・0の違い

リーダーシップ1・5と3・0の共通点と相違点を明らかにしておきたい。

共通点は、価値観の共有、所属意識、共同体意識だ。その組織が大切にしているものを組織のメンバーが共有していること、またその組織に所属していること、お互いにつながりを持ち、他社やその集団のために協力して行動し、貢献するということだ。

一方、相違点は、1・5はいったん入った塀の中で職業人生を送るという前提なので、共同体意識は運命共同体のものになる。これはその方向性が上向きのときは何物にも変えがたい一体感を醸成するが、下向きになると「死なばもろとも」となる危険性が高い。上下関係が前提であり、長期間続く閉じた関係での営みのため、組織のために個人が犠牲となることも多々ある。しかし、それに対して我慢して奉公していれば、また日の当たる場所に戻れる可能性もある、と信じられた世界だ。

これに対し3・0は、好むと好まざるとにかかわらず、「自律した個人」の存在が大前提であり、組織と個人、リーダーとフォロワーは対等だ。したがってリーダーは、個々のメンバー一人ひとりと向き合い、信頼関係を築かないと機能しない。

前章で述べたように、組織―個人は対等の大人同士の関係であり、双方の努力が必要なのだ。働きながら、多くの社員がオンラインで人材紹介の登録をしており、よりよい条件の話があればそちらに移るという可能性は常にあるのだ。働く人の意識も変わり、人材市場は巨大産業になっており、1・5の世界に戻ることはもはや不可能だ。

さて、メンバー一人ひとりと向き合う双方向性が必要であり、人間性や人間味も非常に重要になる、というような説明から、それはかつての日本的経営におけるリーダーシップではないかと考える人もいると思う。

しかし、リーダーシップ3・0はかつてのリーダーシップ1・5とは、その前提条件も、組織と個人との関係も全く異なるものである。

リーダーシップ1・5では、従業員はその名の通り事業に従事する会社の構成員であり、経営者と従業員は上下関係、親子関係であり、いったん成り立つと終身切れない関係が前提であった。従って、経営者の役割は、いかに雇用の安定や安心を与えるかが非常に重要であった。組織は組織力をフルに活かした総力戦であり、そこで働く従業員は、滅私奉公が大前提であった。会社は運命共同体であり、いったん入社すれば定年まで勤め上げるのが普通であり、退職後の就職先や年金まで手厚く与えられた。従業員は、会社や上司に対して終身忠誠を尽くすことが求められたし、それに見合うだけの見返りもあった。彼らは他に選択肢もなく、会社の壁の中の世界だけしか知らないまま生涯を送るのであった。

これに対して、リーダーシップ3・0は、(好むと好まざるとにかかわらず)あくまでも自律した個人の存在が大前提であり、組織と個人、リーダーとフォロワーは対等である。リーダーの役割はいかにして個々のメンバーとの「信頼」を築くか、いかにして一人ひとりのポテンシャル(潜在能力)を引き出すよう支援するかが重要になる。運命共同体ではないコミュニティを形成し、参画

リーダーシップ1.5と3.0の違い　昔の日本的経営への回帰ではない

Leadership1.5	Leadership3.0
▶従業員は組織の構成員	▶「自律した個人」の存在が大前提
▶経営者と従業員、親子関係	▶組織と個人、リーダーとフォロワーは対等
▶経営者の役割は、いかに雇用の安定、安心を与えるか	▶リーダーの役割はいかに個々のメンバーとの「信頼」を築くか
▶総力、組織力。滅私奉公が大前提	▶いかにして、ひとりひとりのpotentialを引き出すよう支援するか
▶運命共同体 一旦入社すれば定年まで、その後の就職先、年金まで。	▶運命共同体ではない、コミュニティ 参画意志と力のあるものが、社内外を問わず集まる
▶壁の中の世界しか知らない 他の選択肢はない	▶Networkにより情報はふんだん 敢えて、そこで働くことを選ぶ。

『リーダーシップ3.0』小杉俊哉著/祥伝社より

意志と力のあるものが社内外を問わず集まる。ネットワークにより情報はふんだんにあり、メンバーはあえてそこで働くことを選ぶのである。

一方で、1・5と3・0の共通項もある。それは、価値観を共有し、コミュニティに一体感を持たせること、自らが方向性を示し率いていくというよりも、一人ひとりの社員と向き合い力を引き出すように働きかけること、自らの存在や人間力により、部下やステークホルダーとコミュニケーションを取り、周囲を惹き付けて、動機ややる気を引き出していくこと。それは、2・0のトランスフォーメーショナル・リーダーに向いている日本人、特に生え抜きリーダーにも、受け入れやすいスタイルなはずだ。

リーダーシップ3・0を支持する様々な理論

1 サーバント・リーダーシップ

3・0を示す最もよく知られた理論がサーバント・リーダーシップだろう。

AT&Tの元マネジメント研究センター長ロバート・K・グリーンリーフが唱えたもので、サーブする（奉仕する、尽くす）ことがリーダーには不可欠であるということだ。そのサーバント（召使い）とリーダーシップという一見矛盾する組み合わせでその精神を表現した。

グリーンリーフは、リーダーシップのスタイルが組織全体に対するものから個人と組織への関係に移ってきたことから、いかに部下の自主性を引き出し、エンパワーするのかが、リーダーにとって非常に重要なものとなったことを指摘した。ミッションを持ちビジョンを描いて、上に立つ者ほど、みんなに尽くしていくタイプの人でなければならない。逆にいうと上に立つ者であるからこそ、下に尽くすという思いが必要だ、ということだ。部下が本当に困っている時には、しっかりと支援をするのだ。それは、部下たちに媚びるのではなく、強い意志を持ち、ミッションやビジョンを実現するために、サーバントに徹するということである。

グリーンリーフが啓発された物語がヘルマン・ヘッセの『東方巡礼』（『ヘッセ全集8―知と愛』／新潮社）である。

『東方巡礼』のあらすじは、次のようなものだ。

主人公が、ある秘密結社が募集する巡礼の旅に参加する。そこに、とても気が利くレーオという若者が召使いとして同行し、みなの身の回りの世話を焼いてくれる。旅の一員は、すぐにレーオを気に入り可愛がるが、旅が進むにつれだんだんと、わがままを言うようになる。そんなある日、レーオはこつぜんと姿を消した。みな右往左往し、巡礼の旅は空中分解する。

主人公はレーオを探して旅を続け、そして遂に再会を果たすのである。そのレーオこそが、秘密結社のリーダーであった。再会の場面で、次のような言葉がレーオの口から出る。

「リードする者は、自分の最も優れたものをあたえることによってのみ目標を達成する」

「リードされる者は、個人個人の目的を持たなければ組織に参加してはならない」

レーオは召使いという身分であったが、団員をリードする者としてみなの世話を焼くという、自分の最も優れたものを与えた。しかし、リードされる団員のみなは、当初は個人個人の目的を持って組織に参加したが、いつしかその目的を失っていった。だからこれ以上旅を続けても仕方がないと考えたのであった。

これは、小説ではあるが非常に秀逸な視点である。あなた自身に置き換えてみるとどうであろうか。あなたは、個人の目的を持って会社に就職したはずである。

さて、「あなたは、いつしか個人の目的を失っていませんか？」という問いに、どう答えるであろうか。

ちなみに、小説家大佛（おさらぎ）次郎の言葉で、映画監督伊丹十三も色紙に記すなどして好んで使っていた言葉に「どの花も、それぞれの願いがあって咲く」というのがある。それぞれの目的、願いがなければ、花開くことはないのだ。

『東方巡礼』には、もう一カ所、素晴らしい言葉がある。

「長く生きようと欲するものは、奉仕しなければなりません。支配しようとするものは、長生きしない」

とかく、組織の長となったものは支配しようとするが、そうなると早晩その地位を追われることになる、という警鐘とも受け取れるのである。

サーバント・リーダーの持ち味として、グリーンリーフは次の12項を挙げている。

①リードするという個人の側の意識的なイニシアティブ

②大きな夢、ビジョナリーなコンセプト、究極のコミュニケーション（いったい何をやりたいのかわかっている）

③傾聴と理解（サーバントは第一に聞く）

④言語と想像力

⑤控えることを知っている（でしゃばりすぎない、目立とうとしない）

⑥受容と共感（サーバントには断られない）

⑦感知力、予知力（知り得ないことを知り、予見しえないことを予見する。しかし、超自然的なものではない）

⑧直感、信頼、決断

⑨見通し

⑩気づきと知覚

⑪説得上手

⑫ 癒しと役立ち

（『サーバント・リーダーシップ入門』池田守男、金井壽宏著／かんき出版　参考）

しかし、いくらフォロワーの望みに耳を傾け、奉仕しても、描くミッションや至高のものがなければ、たんなる召使いになってしまうのである。

サーバント・リーダーシップは、多くの書でも取り上げられているため、リーダーたちにもすでに浸透した概念になっている。一方それを実践していると思い込んでいるリーダーが陥りやすい点は、「自分はサーバントなんだから、部下たちの自主性を重んじ、彼らが主体的に動くのを支えるのが役目だ」と何もしないで放置しているようなケースだ。これは、サーバントということを誤解し、そこに逃げているだけだ。形はどうであれ、やはりリーダーであることに変わりはなく、サーブするだけではなく、時に全面に立ってリードすることも同時に必要なのである。

筆者は最初にグリーンリーフの12の持ち味を見た時にあまりに難易度が高く、このようなリーダーは果たして存在し得るのかと正直感じた。神戸大学の金井壽宏名誉教授が、『リーダーシップの旅』（野田智義との共著／光文社新書）で、アラビアンナイトの物語「アラジンと魔法のランプ」に出てくるランプの魔人（サーバント）は「ご主人様、お呼びですか。

何をお望みで」と尋ねるように、主人（フォロワー）の期待、要望、お願いに耳を傾け、理解すると述べていて、ようやく具体的にイメージが持てた経緯がある。

このランプの魔人ジニーの特徴である「本当に必要な時、助けを求めた時には必ず出て来て望みを叶えてくれる」というモデル。実は、日本企業の昔の理想的な管理職像ではなかったか。今のようにプレーイング・マネジャーではなく、昔は管理職として暇そうにしている上司ほど理想とされていた。普段は、頼りなげで暇そうにしていても、いざという時には助けてくれて、責任を取ってくれる。昔は日本のどの企業にもいたタイプなのではないだろうか。今やこのような管理職は絶滅した。なぜなら、自ら担当の職務を抱え、プレーヤーとしての仕事にも追われるプレーイング・マネジャーに、そのようなことは許されないからである。

2 羊飼い型リーダーシップ

羊飼いは、先頭に機転の利くヒツジを立たせ、その背後から残りのヒツジをついて行かせる。自分は一番後ろにいて、群れ全体が正しい方向に進むよう目配せすると同時に、「迷える子羊」がいれば、助けに行って群れに戻すのだ。

ハーバード・ビジネス・スクールのリンダ・A・ヒル教授は、1人のリーダーが率いるという、理想のリーダー像を見直す必要があると指摘している。それは「背後から指揮し、集合体として力を発揮させる」、たとえば「ヒツジの群れのいちばん後ろにいる羊飼い」と表現している。

「リーダーシップとは集合的な活動、すなわち人々をひとつの集合体に結束させることであり、状況やタイミングに応じて、各人の強みや機転によってリーダーが変わり、進むべき方向に集団を動かす」「先頭からの指示に従って動く必要がなければ、この集団は機敏に行動するということ」。(リンダ・A・ヒル『未来のリーダーシップ』DIAMOND ハーバード・ビジネス・レビュー　2009年2月号)

ちなみに、羊飼い型リーダーシップは、南アフリカの英雄、黒人初の大統領となったネルソン・マンデラが好んで使った言葉として知られる。国民の背後からリードする。人種差別により27年も投獄されるも、釈放後アパルトヘイト撤廃に尽力し、ノーベル平和賞を受賞した。

羊飼いは、慣れない場所に集団を移動させる場合は、前の方に機転の利きそうなヒツジを配し彼らにリードさせる。また、集団が大きい場合は牧羊犬を何頭か集団の前や横に配し、彼らの力も借りてヒツジたちを無事に目的地に到着させるのである。すなわち、リーダーを見出し任せ、集団の外部にある有用な力もまた利用するのだ。これもまた、3・0のメタファーとなっているのではないだろうか。

3 コミュニティシップ

反アングロサクソン経営、反MBAで有名な、カナダのマギル大学のヘンリー・ミンツバーグ教授は、歯に衣を着せぬ直裁的な表現で正しいことを言い抜くことで知られており、リーマンショック後、従前からの主張の正しさが証明され、さらに注目されている。

コミュニティシップは、ミンツバーグ教授の造語で、個人のリーダーシップと集団のシチズンシップの間に存在するものを表現している。リーダーシップという概念は、個人がフォロワーに及ぼす力に焦点が当てられるため、現代の産業界に蔓延する現場に無関心なリーダーによる上意下達のマクロ・リーダーシップを鋭く批判している。インセンティブを与えてリーダーシップを発揮させ、人々の能力を開発させるような個人主義には限界がある。人間は社会的な生き物であり、自分たちを取り巻く環境、社会システムなしには十分な活動はなし得ない。そのコミュニティである仕事や同僚や居場所を大切に思う気持ちによってやる気は出てくる、という極めて当然のことでありながら、企業において忘れられがちなことを指摘しているのである。

英雄的なリーダーへの依存を断ち切り、必要とするのは「ほどよいリーダーシップ」であり、それは組織の中で働く人たちを励ましながら、必要なときにだけ介入するというものだ。コミュニティのリーダーは自ら人々を巻き込むことに努め、人々はこれに応えて、自主的に行動する。それは、ウイキペディアや、リナックスなどのオープン・ソース開発の成果を見れば明らかであると指摘している。（ヘンリー・ミンツバーグ『コミュニティシップ経営論』DIAMONDハーバード・ビジネス・レビュー 2009年2月号 参考）

4 オープン・リーダーシップ

戦略コンサルタントのシャーリーン・リーは、「情報は即時に社会に共有され、たったひとつのツイートが会社を滅ぼすことさえあるソーシャルネットワーク時代になり、これまでの古い企業統治はもう通用しない」と指摘する。そのためには、リーダーは隠さない、オープンであることが必要であることを説く。

コントロールをあきらめる。コントロールを手放すと新しい関係が生まれる。それには次の新しいルールを適応することだと説く。

●新しいルール

①顧客や社員が持つパワーを尊重する

②絶えず情報を共有して信頼関係を作る

③好奇心を持ち、謙虚になる

④オープンであることに責任を持たせる

⑤失敗を許す

（『フェイスブック時代のオープン企業戦略』シャーリーン・リー著／朝日新聞出版）

上下の地位に区別なくフラットに相手をリスペクトし、関心を寄せ学ぼうとすることが信頼関係を醸成する。リーダー自らがオープンになることで、相手にもオープンであることに責任をもたせることが可能になる。そして、そのためには失敗を許すことが必須条件となる。オープンにしろと言っておいて失敗を許さなければ、次からは隠すようになるからである。まさにコントロールすることを手放すことによってのみ、主体性を引き出し組織が活性化するようにコントロールできるようになるということである。

5 コラボレイティブ・リーダー

仏国ＩＮＳＥＡＤのハーミニア・イバーラ教授（当時。現在はロンドン・ビジネス・スクールの教授）らが、好業績ＣＥＯに関する調査（『世界のＣＥＯベスト50』ＤＩＡＭＯＮＤハーバード・ビジネス・レビュー　２０１０年5月号）の結果から共通項を括り出したもの。端的に言うと、儲かる会社のリーダーはどのような特徴があるかということだ。

・「コネクター」（人と人を結びつける者）の役割を果たす
・様々な人材と関係をつくる
・トップがコラボレーションの範を垂れる
・チームが泥沼の論争に陥らないように強力な影響力を発揮する

（ハーミニア・イバーラ、モルテンＴ・ハンセン『部門横断的に巻き込み好業績を実現する力』ＤＩＡＭＯＮＤハーバード・ビジネス・レビュー　２０１２年4月号　参考）

トップが、社内外を問わずあらゆる階層、あらゆる地域の社員、さまざまなステークホルダーに対して、人と人とを結びつけるくさび、あるいは触媒の役割を自ら率先して果たしている。しかも、ここぞという介入する時には出て行くという、まさに3・0のリーダーシップを表している。

6 第五水準のリーダーシップ

ジム・コリンズは、『ビジョナリー・カンパニー2 飛躍の法則』（日経BP）の中で第五水準のリーダーの存在こそが、普通の企業を偉大な企業へと発展させていることを指摘している。

第一水準…有能な個人
第二水準…組織に寄与する個人
第三水準…有能な管理者
第四水準…有能な経営者
第五水準…第五水準の経営者

「明確で説得力のあるビジョンへの指示と、ビジョンの実現に向けた努力を生み出し、これまでより高い水準の業績を達成できるよう組織に刺激を与える」というのは第四水準の経営者であり、第五水準の経営者は、「個人としての謙虚さと職業人としての意思の強さという矛盾した性格の組み合わせによって、偉大さを持続できる企業を作り上げる」と定義している。

「職業人としての意思の強さ」は、最高の企業になるための基準を設け、どれほど困難であっても長期にわたって最高の実績を生み出すために必要なことは全て行い、基準を満たすまでは決して満足しない。また結果が悪かった場合は、他人や外部要因のせいにせず、自分の責任であると考える。

「個人としての謙虚さ」は、驚くほど謙虚で、決して自慢せず、野心は自分個人ではなく企業に向け、次の世代に一層の成功がもたらせるように後継者を選ぶ。他の人たちや外部要因、幸運が会社の成功をもたらした要因だと考え、カリスマ性によってではなく、高い基準によって組織を活気づかせる。第五水準のリーダーシップにはこのような二面性があるということである。

以上、様々な学者、コンサルタントによる、新しいリーダーシップの理論を挙げてきたが、すべてリーダーシップ3・0を表現したものであることがおわかりいただけただろう。

マネジメント理論との同期
―マネジメント2・0との同期

ここでは、マネジメントの理論が、リーダーシップ3・0と同期していることを次に示していきたい。

シリコンバレーの非営利研究機関「マネジメント・ラボ」がマッキンゼー・アンド・カンパニーのサポートのもと、この分野の権威を集め、マネジメント・イノベーションを考えるカンファレンスを実施した。主催者は米国で行われた調査で「最も影響力のある人」にも選ばれたロンドン・ビジネス・スクール客員教授のゲイリー・ハメルで、ヘンリー・ミンツバーグ、C・K・プラハラード、ピーター・M・センゲ、ジェフリー・フェファーなどの研究者や、革新的といわれる企業のCEO、コンサルタントなど総勢20名のそうそうたるメンバーが集結。既存のマネジメント手法の限界を打破し、現在の経営環境に耐え得る新しいマネジメント手法を開拓するための「25の課題」を提唱した。

科学技術は現在も日々進化しているにもかかわらず、マネジメントはこの何十年も一向

にイノベーションがない、というまさにそのことに対して危機感を抱いているのである。

ハメルらが提唱している課題認識のまとめと、今後の取り組みは次のようなものだ。

最近のマネジメントの課題

・目まぐるしい変化の時代に、常に目標を見据えながら効率を高め、なおかつ柔軟で逆境に強い組織をつくるには、どうすればいいか
・創造的破壊の風が吹き荒れる環境に適応し、利益を上げるために、大胆かつ速やかにイノベーションを実現するには、どのような方策があるか
・進取の精神が成功へのカギを握るクリエイティブ経済において、働き手に日々、自主性や想像力を発揮し、情熱を傾けてもらうには、どうすればいいか

マネジメント2・0のゴール

・組織から官僚的な体質を拭い去り、人材の持てる力(自主性、創造性、情熱など)を解き放つこと

・すべての組織に、そこで働く人々と同じくらいの活力、創意、連帯感といった人間味を持たせること

（『マネジメント2・0　新時代へ向けた25の課題』ＤＩＡＭＯＮＤハーバード・ビジネス・レビュー２００９年4月号　参考）

「ヒーロー的な意思決定者としての指導者の意見は支持されない。指導者はイノベーションとコラボレーションを可能にする社会システムの設計者に変わらなければならない」と、ハメルもまたカリスマ的なトップダウンのリーダーを否定している。

そして、従来のマネジメントの主流である、コマンド・アンド・コントロール（指揮統制）によって従業員を会社の方針に従わせようとし、従わなければ戒めをするというやり方は、機能しないと。それは従業員のやる気や能力に不信感を表すことになり、従業員は、不安になり、自主性を発揮しようとしなくなるからである。

また、トップ・ダウンは、創意工夫や進取の精神、熱意などを削ぐと指摘している。

組織が高い順応性と革新性を発揮するには、不安の少ない、信頼感に満ちた企業文化が必須であり、そのためには、いかに「人間味あふれる」組織を作るかが重要であると結論づけている。

アメリカの気鋭の学者や経営者、コンサルタントが集まり、今後の方向性を「人間味あふれる」組織という言葉でまとめたのが非常に興味深い。これはまさに日本のリーダーや組織が、1・5の時代にもっとも得意だったものではないか！

かつて、日本の組織は仕事を離れたところ、たとえば社内旅行、運動会、飲み会、週末に上司の自宅にお呼ばれする、たばこ部屋、などさまざまな機会で人間味の交換がなされていた。仕事の現場では厳しい上司でも、そういった場で極めて人間的な面を見られ、多面的に人を見る機会があった。しかし、その機会は少なくなっていった。

外資系企業はコンサルティング会社では、オフサイトミーティング、オフサイトトレーニングをよく行う。会社での会議や研修ではなく、景色のいい自然の中や、アミューズメントパークで行い、半分はチームビルディングにあてる。週末に上司の家でバーベキューパーティが開かれる。会社のクリスマスパーティには家族も一緒に参加する。金曜日の夕方からはビアバストが行われ、ＣＥＯなども参加してビールを飲みながら自由に会話を楽しむと同時に貴重な人としての交流が行われる。

さて、一部運動会復活の動きはあるようだが、今や日本企業の方が人間味を排除してしまって、殺伐としてしまっているように感じられる。メンタル系の疾患も増え、エンゲージメントも上がらない、退職者も増える、という状況になっていないだろうか。

「ヒーロー的な意思決定者としての指導者の意見は支持されない。指導者はイノベーションとコラボレーションを可能にする社会システムの設計者に変わらなければならない」（ゲイリー・ハメル）

一方、コマンド・アンド・コントロールやトップ・ダウンに代わるものとして、ピアプレッシャー（同僚たちの相互評価）を機能させ、自己規律を身につけさせる方が得策、としている。ピアプレッシャーは、コンサルティング会社などでは、社内の行動規範として定められているところが多い。上司の評価を気にしながら働くのではなく、プロフェッショナルとして自身の仕事と向き合い、会社が規定する行動を自らの責任において遂行する、それを相互にプレッシャーを掛け合うのである。

ただ、日本の製造現場にも昔から「カイゼン」や「5S」（整理、整頓、清掃、清潔、しつけ）があるのだ。従業員に絶えず進んで誤りを指摘することを求めた。これが日本の製造業を世界に冠たるものとし、そして海外で現地人による現地生産の成功に大いに貢献したのだ。

さて、マネジメントは3・0ではなく、なぜ2・0なのか、それはまだ1・0の時代にあり、他の分野と比べて遅れているということを表しているのだと筆者は解釈している。

column

一人ひとりの人材がリーダーシップを発揮するために組織に必要なこと

日本企業はどうしてきたのか　～プロジェクトXからの教訓～

かつて、NHKの人気番組『プロジェクトX 挑戦者たち』があった（2000～2005年）。そこでは、製品開発プロジェクトなどが直面した難問を、どのように解決、克服していったかというようなドキュメンタリーが紹介された。とても不可能であるかのような課題に立ち向かう「男たち」の執念が描かれ、たとえば通常の仕事が終わってから夜や休日にプロジェクトメンバーで集まり、死力を尽くし立ち向かう姿、製品完成までの知られざる秘話などが共感を呼んだのである。視聴されていた人は、中島みゆきのオープニングテーマ『地上の星』を聞くと、今でも熱い思いがこみ上げてくるのではないだろうか。

さて現在、『プロフェッショナル 仕事の流儀』が後継番組としてはあるが、そのような人気番組がなぜ打ち切りになってしまったのか。

これはあくまで筆者の捉え方だが、ひとつは90年代までの寝食を忘れて、家庭を放置して、仕事に没頭するようながむしゃらなスタイルが、働き方の見直しでだんだんと受け入れられなくなってきたことがあると思う。

そして、もう一つ、こちらが主な理由だと思うのが、コーポレイト・ガバナンスという言葉は日本ではまだ使われていなかったが、内部統制や、プロジェクト管理、予算制度の厳格適用、運営によって、プロジェクトX的なあり方、たとえばヤミ研（正規なプロジェクトでなく有志で集まって新しい製品開発のための研究を行う）、密造酒造り（会社に黙って、自ら信じる研究を会社の費用、施設を使って行う）などが絶やされてしまった、ということだ。

では、日本企業はどうすればよいのか～MBOとOKRの併用～

さて、いったん絶えてしまったものは、放っておいたら復活することはない。

では、どうすればよいか？

それは、仕組み化、制度化することによって意図的に創り出すしかない。

それで参考になるのが、1章で紹介したGoogleの20％ルール、3Mの15％カルチャーなのだ。実際、3Mは、ブートレッギング（密造酒作り）という不文律の存在を誇りにしている。たとえ上司の命令に背くことになっても、自分の信じる研究をするために、会社の設備を使ってもよいというものだ。そこから生まれたのが、たとえばポストイットだということを述べた。

では、その20％、15％をどのように社員に使ってもらうようなルール化ができるのだろうか。

1つのアイデアがこれだ。

現在多くの企業、特に大企業のほとんどが目標管理制度（MBO＝Management By Objectives）を導入している。それなりに機能しているところもあるが、この制度の決定的なデメリットが、設定した短期的な、つまり今期の目標、自分のタスクにのみエネルギーを注ぐことになるということだ。

もちろん、企業はそのデメリットに気づいている。しかし、成果主義を導入し、個人評価によって賞与に差をつけるためには、他によい方法がない。つまり必要悪なのだ。

中長期的な視点、会社のパーパスやビジョンを実現する行動をどのようにして起こしてもらえるか？ その手法として注目されているのが、OKR（Objectives and Key Results）だ。会社のパーパスやビジョンを実現することに資する目標を設定し、この一年でカギとなる結果を測る。そのために、今期の達成を計るKPI（Key Performance Indicator）を決め、その成果を測る。それは、個人任せでは上手く回らないので、上司が目標設定を一緒に行うサポートが非常に重要だ。上司に最初はそのスキルがないので、HRBP（HRビジネスパートナー＝事業部門長のパートナーとして経営戦略に必要な人的面でのサポートを行う役割）を設置することも必要だろう。

ＭＢＯは、その当初の趣旨とは変わってしまって上から降ってきた目標として運用されているところも多いが、ＯＫＲはあくまで個人発であることが肝要だし、そうし易い。なぜなら、部門の今期の目標とは切り離されているので、上から与えにくいからだ。

達成できたかできないかという0－1で計るＭＢＯと違って、ＯＫＲの特徴は、中長期的なゴールに向けての第一歩であるから、その60％くらいが達成できたらよし、とするのだ。そうすることによって、高い目標値の設定を促すのだ。

大胆にも、年次目標設定とそれに伴う評価というＭＢＯを廃止し、ＯＫＲに完全に切り替えてしまった、北國銀行のような先進的な事例はもちろんあるが、筆者がお勧めするのは両者の併用だ。お気付きのとおり第1章の「二刀流」の実現手法だ。

たとえば、その15％、いや10％、5％でもよいので、会社の将来の飯の種につながるような行動目標を立ててもらい、それを加点評価するのだ。全員に強制する必要はない、やりたい人にやってもらうのだ。つまり個人の自律に任せるのだ。ただし、やる気がある人間は個人任せにせず、上司、人事がサポートする、というのは前述のとおりだ。

そして、そのような動きをして達成した人が評価され、認められるようになればそれに続き自律的に働く人は必ず増えていく。

第 4 章

リーダーシップ4.0と
それを引き出す
リーダーシップ3.0の
実践

リーダーシップ4.0
―一人ひとりの社員がリーダーシップを発揮すること―

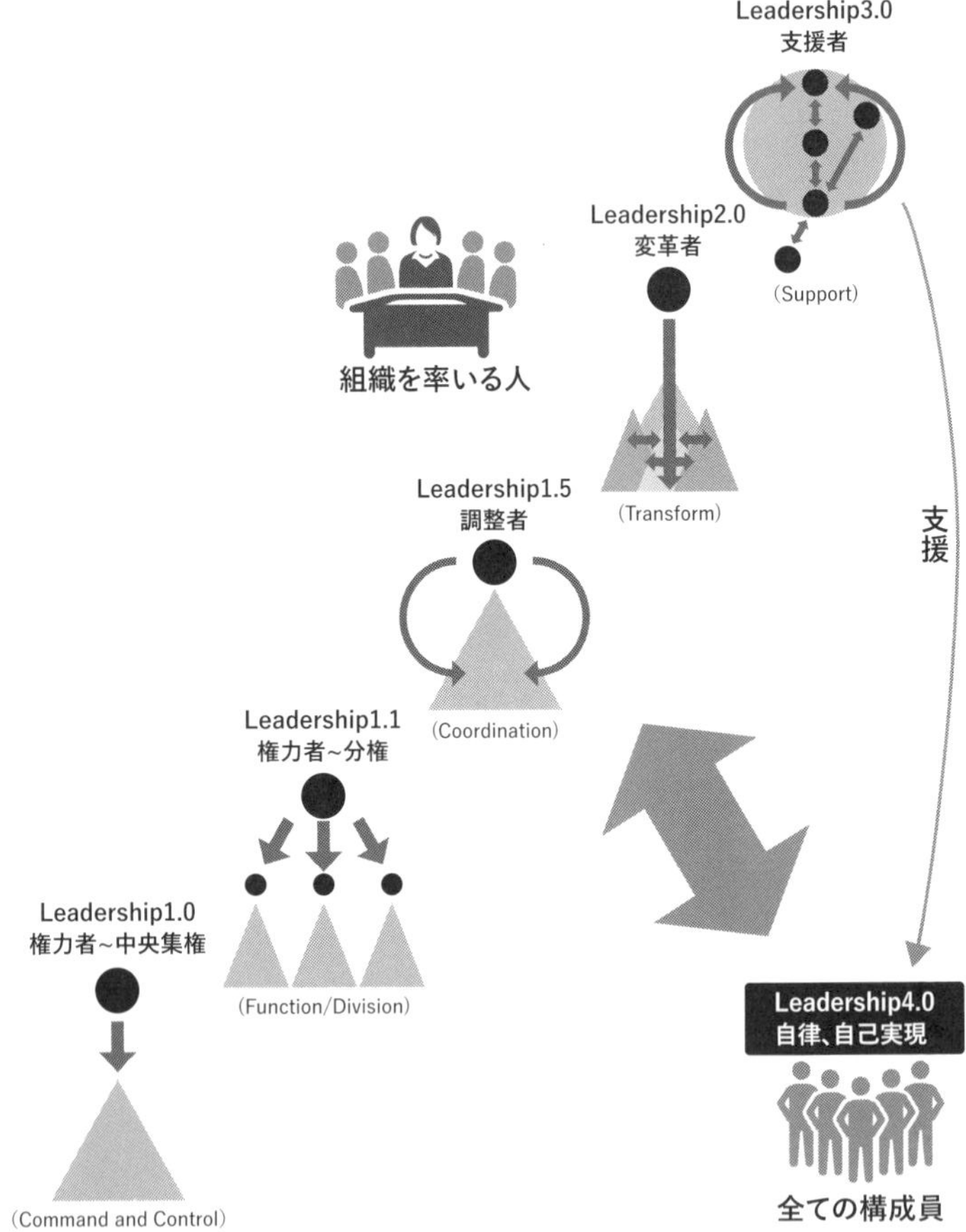

リーダーシップ4・0

さて、前章でリーダーシップ1・0〜3・0について述べてきたが、受講者からよく質問されるのが、「その次に来るのはどんなリーダーシップのスタイルですか?」だ。

これには、以前より即座に「その後は、リーダーシップ4・0になります」と答えている。

では、その4・0とはどのようなものかを述べたい。

リーダーシップ1・0から3・0までは、基本的に組織を率いる側のスタイルのことを表している。一方、4・0というのは、組織の全ての構成員が発揮するリーダーシップのスタイルを言っている。

本来のリーダーではなくても、皆がリーダーのように組織で働く、と言い換えることができる。

そして、一人ひとりがリーダーシップを発揮するためには、その組織を率いるリーダースタイルは、3・0であることが求められる。なぜなら、前述のように、上司や組織のトップが、1・0や2・0であっても、3・0のスタイルを貫ける人はいるが、少数派だからだ。

組織の全ての構成員一人ひとりがリーダーシップを発揮する、すなわち自律的に働けるようにするには、上司や組織トップの支援が必要なのだ。それが実現された組織を自律型組織という。

学術研究の分野では、2000年年代に入ってから言われる、シェアード・リーダーシップ（SL）が当てはまる（同じSLでも前述のSituational Leadershipと混同されないよう）。早稲田大学大学院の入山章栄教授の『世界標準の経営理論』（ダイヤモンド社）では次のように説明されている。

シェアード・リーダーシップは、リーダー→フォロワーという「垂直的関係」ではなく、それぞれのメンバーがリーダーとして行動する「水平的関係」のリーダーシップである。

- グループの複数、時に全員がリーダーシップをとる
- 背景：新しい知とは既存の知と既存の知を組み合わせることで生まれる新しいアイデア。したがって、組織内のメンバーの知の交換が何より重要

・ＳＬではメンバーは自分の所属グループを自分のもの、自分ごとと捉える
・従来型の垂直的リーダーシップよりも、ＳＬの方がチーム成果を高める、という実証結果が多く示されている
・例）米自動車メーカー。社内横断的な71の変革チーム（平均人数７・１）を対象とした実証研究。６ヶ月後、垂直型よりもＳＬ型の方が、経営陣、顧客のパフォーマンス評価が高かった
・これは、すでにコンセンサスを得ているといえるＳＬの過去42の実証研究をまとめたメタ・アナリシスの結果。特に複雑なタスクを遂行するチームにおいて強い

（アリゾナ州立大学ダニ・ウォンがメタ・アナリシス研究を経て提言）

そして、入山氏は、このＳＬ（シェアード・リーダーシップ）をリーダーシップの行き着く境地、と表現している。近年流行ったティール組織も基本的にこの分類に入る。

支援型リーダーが実現する自律型組織

自律型組織の話をすると、そんなことをしたら組織が成り立たない、という声をよく耳にする。もちろん、ただ担当者に責任と権限を与えて好きにしていい、と言っているのではない。そんなことをしたら、それこそ担当者が勝手にやり出し、会社の方向性もバラバラになってしまうだろう。では、それを可能にするためには何が必要だろうか。

それは3つの前提である。

- ミッション（パーパス）、ビジョン、バリューの共有
- 行動規範の徹底
- 経営層の覚悟（言行一致、率先垂範）

次に紹介する企業はこれらを前提として組織運営を行っている。それ故に、担当者一人ひとりに責任と権限を与えて、リーダーシップを発揮することを可能にしているのだ。

ただ、必ずしも次に紹介するHCLテクノロジーズのような逆ピラミッドにとらわれると3・0の本質を見誤る可能性がある。組織構造を考えた時点で従来の階層型（ヒエラルキー）組織を固定化しているという思考になってしまうからだ。ピラミッド型の階層型組織では情報は上から順番に組織の階層を降りて末端の担当者に届くということが前提になるが、逆ピラミッドの場合は経営層が、中間管理層を支え、中間管理層が現場の従業員を支えるという構図になる。情報の流れで考えると下から上へという階層を順に上がって行くということになる。

しかし、現在のWeb社会はすでにそのような前提にない。トップが全社員に向けて一斉にメールを発信することは多くの会社で行われており、前述のように一社員のTwitterなどによる情報は瞬時に組織全体に、しかも社内だけでなく社外にも伝わってしまう。むしろ階層や部門や社内外を超えてリーダーはオープンに、直接・間接共にコミュニケーションを行い、一人ひとりが自律的に働く場を組織やコミュニティ全体に作っていくのである。そのようなコラボレーションを促進する存在であることが求められているのである。

それでは、そのような自律型の組織運営を行っている企業の例を紹介していきたい。

支援型リーダーシップを実践する企業

①ＨＣＬテクノロジーズの例

リーダーシップ３・０を実践するということは、顧客にもっとも近い現場の担当者が責任と権限を持ちリーダーシップを発揮することを意味する。それを組織構造で考えると、それを中間管理層が担い、さらにはもっとも下で経営層が支えるという、顧客を頂点とする逆ピラミッドの組織構造として明確に定め実践する企業も多く存在する。

「お客様は神様」という言葉があるように、顧客を第一に考えるのであれば、その顧客に直に接する担当者が組織のもっとも上に来るのは道理のはずだ。しかし、このような話をすると企業の経営層は「それは理想論で現実はそうはいかない」と反論する。

しかし、インドのＩＴ企業ＨＲＬテクノロジーズはまさにそれを実践して飛躍した例だ。

ＨＣＬテクノロジーズは、後発の独立系ＩＴ企業で、長らく名門財閥系のタタ・グループなどの後塵を拝し赤字を続けていたが、経営トップ交代後成長し続け、今やインド最大のＩＴ企業となり、10万人以上の社員を抱える。インドのＩＴ企業の中でも売り上げの伸び率はＮｏ．１であり、従業員一人当たりの営業収益もインドのＩＴ企業中最高を記録している。売上高純利益率は日本はもとより米企業をも凌ぎ、中でも２０１７年度はアジア主要企業３００社中、第2位を占めている。（日本経済新聞　２０１８年7月13日朝刊参考）

同社を一躍有名にしたのは、"EFCS=Employees First, Customers Second"（従業員第一、顧客第二主義）である。社長兼ＣＥＯのヴィニート・ナイアーはそれを書籍化し、社内外に公言し、実践している。その理由は、インドにおいても、人材の争奪は激しく、優秀な人材を惹きつけるためには、社員を大切にすることを明言することが必要だと判断したためだ。もう一つの理由は、社員に権限を委譲し、自ら顧客価値を提供するような革新的な方法を考えさせるため、である。すなわち、一人ひとりの社員にリーダーシップを発揮してもらうことを目的としているということだ。

ナイアーがトップに就任した２００５年当時は、社員の士気は低く、業績も低迷し同業他社に大きく水をあけられていた。ＨＣＬグループ総帥から経営を託されたナイアーは立て続けに手を打った。何よりも、透明性を通じて信頼を回復し、会社はコミュニティであると社員に認識してもらうことに腐心した。それには、従来型のピラミッドを逆転させ、ＣＥＯの役割を見直した。ナイアーは「社長室の破壊」と表現した。

具体的には、社員の誰でもＣＥＯを評価でき、その自分自身の３６０度評価の結果を社内のイントラネットに公開した。トップが自身の評価を公開する以上、他の役員も追随せざるを得なくなった。経営層は社員に対してのアカウンタビリティ（説明責任）を負っていることを明確にし、それを実行した。そしてその評価は従業員たちが下すのだ。そして、ＨＣＬの従業員が従業員同士、さらにはＣＥＯに対して

組織の逆ピラミッド構造

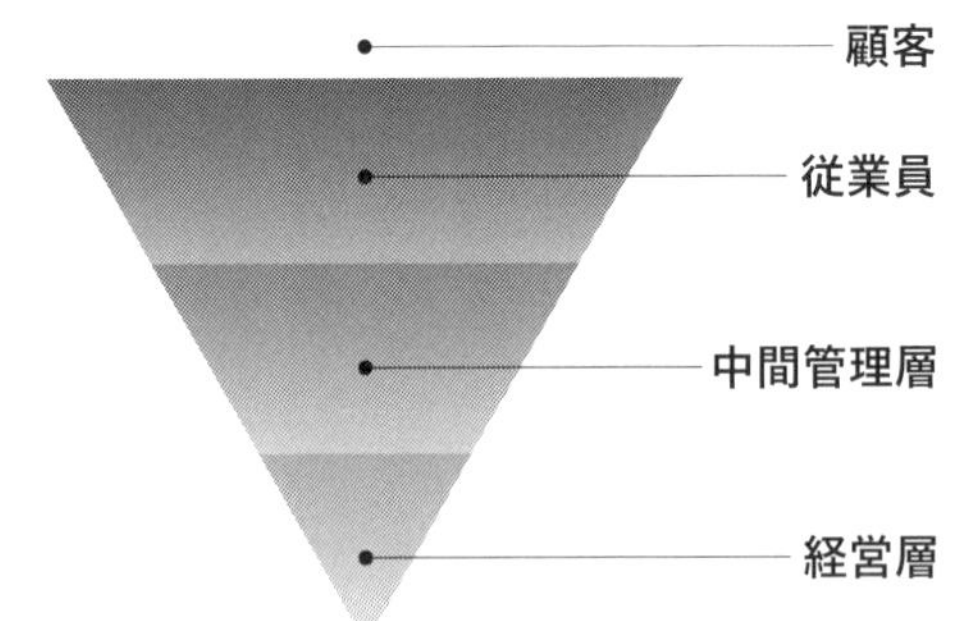

問題を提起し、アイデアや意見を交換するためのオンライン・ディスカッション・フォーラムを設けたり、実際にCEOや経営陣が従業員と戦略や方針を話し合うリアルな場を設けたりした。

ナイアーは次のような発言をしている。

・「社員とのQ&Aメール『U&I』を公開し、自身で答えられない問題は他の社員に答えてもらうようにしました。みんなが率先して、無知であわれなCEOを助けようとしてくれましたよ！」
・「私は会社をどう経営していいかわかりません。みなさんで経営して下さい」
・「扉を開け放して、批判を歓迎しました。みんなが次第に正直になるのは、健全な会社になってきた証拠」
・「私の3人のヒーロー（マハトマ・ガンジー、ネルソン・マンデラ、マーティン・ルーサー・キング）は、自分では何もしていません。自分で何かをするのではなく、自分が心から正しいと思ったことを、他の人たちが実行できるようにしました。これこそがこれからのリーダーシップです」

筆者が同社の日本法人にインタビューに行った際に見せてもらったイントラネットで、

当時7万人の社員のうち約半数がＣＥＯを評価して、しかも中には厳しいコメントを書いている社員もいた。中間管理層であるマネジャーたちは部下たちに指示をするのではなく、コーチングによって課題に対する考えや行動を引き出す役割を担うことになった。インタビューでは、マネジャーたちに質問をぶつけてみた。

「日常業務を行う際に、いちいちコーチングを行うのはマネジャーにとって相当の負担であり、効率的ではないのではないか?」と。

これに対する、マネジャーたちの回答は異口同音に「コーチングの勉強をしたり、慣れるまでは大変だった。でも、今は、部下が主体的に動くように働きかけるのが自分の役割だと思っているし、実際に部下たちもそのように変わっていった」という答えであった。まさに、逆ピラミッドを実現しているのであった。

ちなみに、そうするとマネジャーは単にコーチで楽をしているように思われるかもしれないが、ＤＩＡＭＯＮＤハーバード・ビジネス・レビュー誌で、次のような厳しい面が紹介されていた。

マネジャーがきちんと部下のニーズに応えられないと、部下は直属の上司を通り越して、その上の上司に直接相談することができる。それが何度か繰り返されるとその上司はマネジャーの地位を追われるということだ。

つまり、サッカーでいえばイエローカードが累積すれば、レッドカードとなり退場させられるということだ。

ＥＦＣＳを実践するために、それ以外に同社が行っていることは、社員が自分自身のキャリア開発を主体的に行えるよう、スキル開発、キャリア開発のツールをイントラネット上に用意していることである。それを使ってどんどん自身のスキルアップやキャリアを形成していくことができるようになっている。同社は、「disruptive（破壊的）」な企業として、フォーチュン誌が選ぶ「Executive Dream Team」に選ばれている。

ところで、ＨＣＬテクノロジーズ社でインタビューを行ってショックだったことがある。それは、日本法人の社員が当時３００名ほどであったが、インド人が過半数である理由を聞いた時、以下の趣旨の回答であったことだ。

「顧客は日本企業であるため、事業拡大のためにも当然もっと日本人を増やしたい。しかし、採用したくても、まず英語を話す日本人のＳＥが非常に少ないこと、そして、自分のキャリアを自分で切り開いていくようなＳＥがほとんどいないこと、この2つの理由から日本人を増やしたくても増やせない。だから、仕方なく、インド人に日本語と日本文化を学習させ、日本に派遣しているのだ」と。

②Googleの例

先にも取り上げているので、ここでは簡単に同社が支援型リーダーシップで回っているという点だけ触れておきたい。

拙著『リーダーシップ3・0』が以前に同本社のあるイベントで紹介され、「翻訳はないのか？」「女性リーダーにも適している」という評価を受けた。同社は、マインドフルネスを取り入れたことでも有名だが、それを導入したエンジニアで当時人材開発担当執行役員だったチャディー・メン・タンが、「Googleには毎日思いやりがある」の中で以下のような趣旨のことを語っている。（インターネットで検索すれば、同タイトルの動画を今でも視聴できる）

「あなたの目の前のメンバーを前にして、どうしたらその人を幸せにできるか考えなさい。そうするとおのずと思いやり、配慮が出てくる」「そうすれば、あなたから指示する必要がなくなる。部下の方から提案してくるからだ」。

これも、手法は違ってもＨＣＬテクノロジーズと同様、社員を主体とする3・0のアプローチだとおわかりだろう。

しかし、ご存じのように同社はかつての日本企業のように社員を甘やかす企業ではない。タフ・エンパシー（厳しい思いやり）という言葉を使う欧米企業は多い。

厳しいだけではダメ、優しいだけでもダメなのだ。

たとえば、あるメンバーが仕事に全く合わず苦しんでいるとしよう。今までの経験からどうやっても、この会社、仕事に向いていないと判断した場合、それを率直に相手に伝えること、それも思いやりの概念に入っているのだ。何もこの会社で働くことだけが、本人の幸せではないはずだ。であれば、それを率直にそしてできるだけ早く本人にフィードバックした方がよい、という考え方だ。

さて、典型的な日本企業と照らし合わせて、どちらが社員を幸せにするだろうか。

ちなみに、近年Googleに限らず米ＩＴ企業が大規模な人員削減を行っている。これをもって、「なんだ、結局米企業はダメじゃないか」とか、「日本企業とは全然違うから参考にならない」と全否定する人を多く見かける。

しかし、こうした企業では事業に必要な人を必要な時に連れてくる（Talent on Demand）が基本なのだ。逆にいえば、事業を撤退するときにはその人員には辞めてもらう、そしてそれ新たに成長が見込まれる事業に必要な人員を投入する、ということでもある。そしてそれは米国だけでなく、欧州、アジアも含めたビジネスのスタンダードだと言ってよい。そのようなダイナミズムでビジネスを動かしている。

そして、それはかつて終身雇用を唱えていた日本企業も景気後退局面、赤字が続けばリストラと称して過去大規模に実施されているのだ。あるいは、耐えに耐えて結局は雇用を守れない、どうしようもなくなってその事業を人員ごと売却してきたではないか。

では、米企業は人材をコストと見ているかというと、前章でも触れているように、対等な関係、会社にとって極めて重要な資本や資産と捉え、世界中から最高水準の人材を集めて、少しでも長く働いてもらおうと、一般的には日本企業と比してかなり高い報酬で遇し、その価値を上げるべく能力開発やキャリア形成に相当な投資を行っている。

アップルで私も経験した人員削減だが、それによって新たな事業への投資を行い、そこから別の事業へと転換、あるいは新たなビジネスの柱を立て、見事に復活、あるいはそれ以前より遙かに飛躍を遂げる例は数多くあるのだ。

③ピクサー・アニメーション・スタジオの例

今やディズニーアニメのＣＧキャラクターに不可欠な存在だが、なぜピクサーはヒット作を出し続けられるのか？　ポイントをまとめてみる。

- Collective Genius（集合天才）〜イノベーションは一人の天才からは生まれない
- 「1パーセントのひらめきと、99％の努力」。発明王エジソンの最大の功績は、職人集団の工房を作ったこと
- イノベーションのために作ったこの新しい組織形態が、やがて発展し、現在の企業の研究開発部門（チームでイノベーションに取り組む組織）が生まれた
- CGアニメの制作は白紙の状態から始まり、創作者の想像力は無限。しかし、その自由には代償が伴う。つまり映画のあらゆる部分が誰かの手で考案される必要がある……何百人ものスタッフの誰かによって意識的に選ばれ、デザインされ、挿入されなければならない
- ピクサーは、あらゆるグループ間やメンバー間のコラボレーションを促進するため、たとえば、作業中のフィルムを観ながら意見を交わす毎日のミーティング「デイリーズ」が行われ、上層部だけでなく、制作に携わるあらゆるスタッフが参加して、役割や肩書きに関係なく自分のアイデアや意見を述べる
- これにより、各スタッフは自分の作業に対するフィードバックや助言をもらえるだけでなく、他のスタッフの作業と自分の作業とのつながりを理解できる

（『ハーバード流逆転のリーダーシップ』リンダ・ヒル著／日経BPマーケティング　参考）

ピクサーは、前身のルーカスフィルムの一部門をスティーブ・ジョブズが買収し、『トイ・ストーリー』などの大ヒット後ディズニーの傘下に入った。ジョブズの共同創業者で、社長、ウォルト・ディズニー・アニメーション・スタジオ社長も兼任するエド・キャットマルは次のように述べている。

「私たちはCG映画の作り方を考えているだけではありません。多種多様な人からなる会社をどう運営すれば、一人で作れないものをみんなで協力して作れるかも考えています」

常に自分たちの能力を上回る大きな欲求があり、特大ホームランを打つのが仕事と捉えている。

一方、もし失敗をしなくなったら（「目を見張るほどの成果が上がらない」が彼の失敗の定義）、最先端の仕事をしようという情熱が失われた証拠。ピクサーでは挑戦してしくじったり、挫折したりしても、咎められることはない。

ピクサーの作品のクレジットには毎回、制作に関わったあらゆる人に謝意を表すため、社員食堂のシェフから制作中に生まれたスタッフの赤ちゃんまで、文字どおり全ての関係者の名前が記されている（映画界ではクレジットに名前が出るかどうかは重大なこと）。

無数の批判に耐えなければならないときがあるが、自分の案を否定されることと、自分自身を否定されることは区別される。その場にいる全員が「最高の映画を作る」という目標を共有している。

グループ内にあえて意見の不一致を生み出させるのがリーダーの役割。メンバーに異なる視点を突きつけて対応させる。異議を奨励する。考えの違う新しいメンバーを入れて、その意見に耳を傾けさせる。

本当のイノベーションは、どういうものを生み出せばよいかは、事前にはわからない。多様なアイデアによる、個人と集団、支持と衝突にうまく対処できるかでイノベーションの成否は大きくわかれる。

コラボレーションとは、グループメンバーが摩擦を受け入れ、自らを批判にさらし、厳しい質問を浴びること。そこから、想定外の解決策が生まれる。非常に示唆に富んでいる。イノベーティブな作品を生み出すためには、試行錯誤が必要で、チャレンジすれば当然失敗する。また、コラボレーションの重要性、多様性の担保、そして心理的安全性、とまさにイノベーションに必要な要素をカバーしている。

また、人事担当副社長エド・マーティンは次のように述べている。

「社員たちに映画の制作に携わったことを感じてもらえるよう、わたしたちはいつも細心の注意を払ってきました」

わたしとわたしたち、の両立が重要だということだ。

「アートはテクノロジーに難題を突きつけ、テクノロジーはアートに刺激を与える」

リーダーたちは、メンバーに最大限の貢献をしたいという気持ちを起こさせる環境を作っていた。メンバーはチームの一員であると感じられるだけでなく、チームから評価されている、チームに役立っていると感じられることが欠かせない。

イノベーション（新結合）を生み出すために、大企業となってもチャレンジが促され、試行錯誤が絶えず行われるよう心理的安全性と共にタフ・エンパシーが実践されている。会社を挙げて支援型3・0のリーダーシップをとっていることがおわかりいただけるだろう。

④セールスフォース

1999年にサンフランシスコの小さなアパートを借りて設立され、日本法人は2000年に設立されている。SaaS（Software as a Service）タイプの本格的なクラウドコンピューティング・サービスの提供企業としては最初とされる。

そして、短期間に世界のソフトウェアのトップ企業の一つとなり、CRMの世界マーケットシェアは16・1％で第1位。日本国内においても、営業支援システム（ＳＦＡ）のマーケットシェアは60・4％を占めている。クラウドプラットフォーム分野においても、ＰａａＳ（Platform as a Service）市場で第1位。

また、フォーチュン誌は、セールスフォースをソフトウェア業界で「世界で最も称賛される企業（the World's Most Admired Companies）」に4年連続選出。8年連続で「働きがいのある会社」（Great Place to Work®が発表）にも選出されている。

同社の創業者で会長兼ＣＥＯのマーク・ベニオフは、「ビジネスは世界を変えるための最大のプラットフォームである」という信念を持ち、世界経済フォーラム創設者のクラウス・シュワブが提唱する、リーダーシップに対するステークホルダー・アプローチを支持している。これは、リーダーは株主だけでなく、顧客、従業員、パートナー、地域社会、環境を含む全てのステークホルダー（利害関係者）に奉仕し、世界をよりよい場所にするべきである、というものだ。

そして、ＬＧＢＴＱ対応、表現の自由、給与の男女差別の撤廃などにも他社に先駆けて取り組んでいる。

また慈善活動家としてもよく知られ、善行と成功はビジネスの必須要素であると述べている。「セールスフォース・ドットコム財団」の会長であり、企業が1％の株式、1％の従業員の労働時間、1％の製品を地域社会に還元する「1－1－1モデル」を構築した。社員にボランティア活動のための有給休暇を入社時から与え、寄付に対してもその従業員がもっとも重要だと考えている場合は内容を問わず同額（上限5000＄）をマッチングしている。

ベニオフと妻のリンは、米国の寄贈者上位50人、フィランソロピスト50にも選ばれ、そして小児病院、子どもたちの健康と安全を守る活動にも積極的に寄付している。

インタビューでも、「テクノロジー業界の他の経営者は、価値観を忘れて経営判断を下し、また自分のお金を『ため込んでいる』（hoarding）」と批判している。ダボス会議での発言では全てのテクノロジー経営者を敵に回し、終了後抗議が殺到したという。

「誰かに手を差し伸べ、価値観を共有することによって、自ら成長していくコミュニティを作る力が生まれる。わが社の誰もが、トレイルブレイザー（開拓者）になるために、より大きな責任感、発言力、自在に使えるツールを自分は持っていると信じている」（『トレイルブレイザー』マーク・ベニオフ著／東洋経済新報社）と語っている。社員に対しても社会に対しても支援するリーダーシップ3・0を実践し、成功し続けている人物の典型だと言える。

ちなみに、スティーブ・ジョブズをメンターとし、同様に東洋思想に造詣が深く、そして毎朝マインドフルネスを実践し、社員にも勧めている。

さて、述べてきたように、支援型リーダーの下、社員が働くことに満足し、幸せだと感じられる企業の業績がなぜいいのか？

・「成功が幸福を招くのではない。幸福（だと感じること）が成功を生むのだ」
・「自分は幸福だ」と感じている人は、そうでない一人より、生産性が31％高く、創造性は3倍になる
（『人生を「幸せ」に変える10の科学的な方法』ソニア・リュボミアスキー著／日本実業出版　参考）

だから、企業が社員のエンゲージメントとウェルビーイングを上げようと取り組むことには経済合理性があるということが言えるのだ。

研修では、外資系企業の話をすると、日本企業で支援型で成功している例はないのか、と必ず聞かれる。もちろん数多くある。伊那食品工業、未来工業、ネッツトヨタ南国、赤城乳業、鎌倉投信の例を書いたのだが、残念ながら紙幅の制約上割愛した。

希望者には、読者特典としてＰＤＦファイルでダウンロードできるようにしたので、ご

関心のある方はぜひ次のＵＲＬからお申込みいただきたい。

https://cm-group.jp/LP/40851/

※読者特典は予告なく終了することがあります。

column

両利きの経営とは

一人ひとりの人材がリーダーシップを発揮するために組織に必要なこと

両利きの経営の重要性の認識が広がっている。これは、ひとことで言えば「二兎を追う」ということだ。二兎とは次の通りだ。

・知の深化…自身・自社の持つ一定分野の知を継続して深掘りし、磨き込んでいく行為
・知の探索…自身・自社の既存の認知の範囲を超えて、遠くに認知を広げていこうとする行為

両利きの経営が行えている企業ほど、イノベーションが起き、パーフォーマンスが高くなる傾向は、多くの経営学の実証研究で示されている。(『両利きの経営』チャールズ・A・オライリー、マイケル・L・タッシュマン著/東洋経済新報社)

言うまでもなく、知の深化は日本企業が得意とするところで、新卒一括採用、社内育成、

単一な価値観を持った日本の綺語の風土に合っている。一方、「知の探索」は、多様なバックボーン、社内外の知の組み合わせが必要であり、これがまさにダイバーシティが組織内において必要だという根拠ともなっている。

さて、では日本企業は昔から知の探索が苦手だったのだろうか。確かに社内においては知の深化をひたすら進めてきたからこそ、第二次大戦後世界的な多くの企業を生み出してきた。しかし、それだけでは十分に説明できない。なぜ、多くのイノベーションを生み出してきたかというと、社外を探索し、しかも同業ではなく他業界にも広くその視野を広げヒントを得て、社内に取り込むということをやってきたのだ。

たとえば、次のようなことだ。

・トヨタ自動車を世界的企業に押し上げた、トヨタ生産方式の中軸とも言えるカンバン方式。これは、米ウォルマートの「売れ行きに応じて必要な分だけ調達する」というやり方からヒントを得て、もの作りに応用したもの

・ヤマト運輸は巨人である日本通運になかなか太刀打ちできなかったが、個人宅配に特化し、業界Ｎｏ．１の地位を占めるようになったのは、吉野屋の「牛丼一本で勝負

する」ということからヒントを得たもの

・TSUTAYAを展開するカルチュア・コンビニエンス・クラブは、会社が軌道に乗らず苦しみ、ついには十一といわれる高利貸しにまで手を出してしまったが、この消費者金融のやり方にヒントを得てCDレンタルに応用し、大成功を収めたもの

視野を広げたことによってイノベーションが起こり、大躍進を遂げた日本企業は数多い。

「イノベーションは遠方よりやってくる」「イノベーションをマネージすることはできない」「次のイノベーションは誰にもわからない」などイノベーション（新結合）を説明する言葉はたくさんある。

このイノベーションは、オーストリアの経済学者ヨーゼフ・シュンペーターが唱えた理論が有名だが、特に『経済発展の理論』（1934年）で、新結合（ニュー・コンビネーション）という言葉で説明し、世界中に大きな影響を与えた。

また、その後『イノベーションのジレンマ』（1997年）で実業家、経営学者のクレイトン・クリステンセンは、創造的破壊（クリエイティブ・ディスラプション）という概念を唱え、既存事業の延長線上では画期的なイノベーションは起きないことを明示し、現在に至

るまで世界中の企業に大きな影響を与えている。

さて、お気づきだと思うがここで両利きの経営の話を持ってきたのは、前項のデュアル・システムなくして成功した大企業にイノベーションは起こらないということを補強したかったからだ。さらには、この二兎を追うためには、マネジメントとリーダーシップの二刀流が必要だということでもある。

金太郎飴のようにどこを切っても同じ同質性の高い純粋培養集団の文化の中ではイノベーションは起こらない、だからダイバーシティが必要だということでもあり、一人ひとりに自律主体的に働いてもらう必要があるということだ。そして社内外のネットワークを広げていくこと、アライアンスを組むことが、企業が新しいものを生み出し、生き残っていくためには必須であるということをお伝えしたいのだ。

企業が女性の活躍推進を進める理由は外圧から、中途（経験者）採用を行うのは人手が足りないから、とだけ考えているような企業の未来は危うい。同様に、副業解禁するのは社員を辞めさせないためだけではない。留職やレンタル移籍を行うことにより社員を修行へ出すこと、ＯＢＯＧのアルムナイネットワークを整備し、出戻りを歓迎すること、すべてそれは経営・人事戦略上の必要性からだ。

第 5 章

リーダーシップスタイルを意識的に変化させる必要がある

相手に合わせる：状況対応型リーダー（ＳＬ理論）

第3章でさまざまなリーダーシップのスタイルを確認し、ご自身のスタイルを考えてみていただけたと思うが、現在会社でリーダーの立場にある人の中には、このように思った方がいるはずだ。

「自身のスタイルは固定的なものではなく、メンバーによって変わってくるし、また組織の変化によっても変わっている」と。

実際のところ、そう考えられた方はまさにリーダーシップという特徴をよく捉えていると言える。では、いかに自身のリーダーシップを変えることが必要かつ有効かを見ていきたい。さらに、自身が「リーダー」の立場に就いたことによって、無意識にそのスタイルを変えてしまう例もお伝えしたい。

まずは、個々のメンバーごとに自身がリーダーシップスタイルを使い分ける、状況対応型リーダー〈Situational Leadership＝ＳＬ理論〉について見ていきたい。

この理論では、部下を4つのタイプに分ける。

- D1…心理的レディネスが高く、職務的レディネスが低い - 一般的に仕事を遂行するスキルが欠けているが、自信とやる気が高い
- D2…心理的レディネスが低く、職務的レディネスが低い - ある程度のスキルを持っているが手助けを必要とする
- D3…心理的レディネスが低く、職務的レディネスが高い - 高い能力を持っているが、仕事を一人でうまく遂行する自信がない
- D4…心理的レディネスが高く、職務的レディネスが高い - 経験があり、仕事をうまく遂行する能力と意欲がある

「心理的レディネス」というのは、簡単にいうと「やる気」と置き換えられる。「職務的レディネス」は、簡単に言うと「職務遂行スキル」と置き換えてみるとわかりやすいだろう。

さて、D1のタイプは具体的にはどのようなメンバーだろうか？ そう、新入社員だ。スキルはなくともやる気だけはあるというのが典型的だ。彼らには次のようなスタイルを

取ることになるだろう。

・S1…指示スタイル（仕事に対する指示的行動が高く、部下との関係に対する支援的行動は低い―部下の役割や仕事を明確にし、手厚く管理する。意思決定はリーダーが行うため、一方方向コミュニケーションになりがちである）

次に、D2のタイプだ。やる気もスキルもないのは困ったものだろう。しかし、日本企業においてはいったん採用した人材はそう簡単に辞めてもらうわけにはいかないのは前述の通りだ。このようなメンバーを抱えて腐心している方も多くいるだろう。このタイプには次のようなスタイルを取ることが有効だ。

・S2…コーチングスタイル（仕事に対する指示的行動が高く、部下との関係に対する支援的行動も高い―部下の役割や仕事を明確にするが、部下からアイデアや提案も受け入れる。意思決定はリーダーが行うが、双方向コミュニケーションをとる）

D3は、やる気は低いがスキルは高いというタイプ。さて、どのようなメンバーが頭に浮かぶだろうか。そう、ベテラン社員だ。そもそも、彼らはもし年下のあなたが上司だったら、長らく年功序列で過ごしてきたため、それだけで面白くはないはずだ。そのために、このタイプには以下のようなスタイルを取り支援することが有効になる。

- S3…支援スタイル（仕事に対する指示的行動が低く、部下との関係に対する支援的行動は高い——部下に日常業務の処理は任せる。意思決定に関与するが、部下に権限を渡す）

最後はD4のやる気もスキルも高いタイプ。このタイプにはどんどん権限を委譲して仕事を任せていくスタイルが求められる。そうすると彼らはどんどん力を発揮するだろう。逆にそうしないと彼らはやる気を失い、離職のリスクが高まるのだ。

- S4…権限委譲スタイル（仕事に対する指示的行動は低く、部下との関係に対する支援的行動も低い——部下に仕事を全面的に委任するが、リーダーは意思決定や問題解決に関与する）

さて、4つのタイプによって、リーダーであるあなたが取るべきそれぞれのスタイルを述べてきた。

一方、この状況対応型リーダー（SL理論）はあなたが、出世して事業部門長・責任者、社長となっていくと使えなくなる。その理由を考えてみていただきたい。

いかがだろうか。

もし、あなたが事業責任者以上になるとあなたの部下は基本管理職で、それぞれの部下がいる立場となる。そのように、人によってスタイルを使い分けるとどうなるだろうか。

「あの人は人によって使い分けをする」、「依怙贔屓をする」、「軸がぶれる」などと言われて、信頼されなくなってしまうのだ。だから、状況対応型リーダー（SL理論）は初めてプロジェクトリーダーになる、あるいは部下が皆担当者であるような状況であれば、極めて有効だが、組織でより高い役職に就くようになると使えない、ということを知っておくべきだ。

状況対応型リーダー

S1 指示スタイル

**仕事に対する指示的行動が高く、
部下との関係に対する支援的行動が低い**

部下の役割や仕事を明確にし、手厚く管理する。意思決定はリーダーが行うため、一方方向コミュニケーションになりがちである。

S2 コーチングスタイル

**仕事に対する指示的行動が高く、
部下との関係に対する支援的行動も高い**

部下の役割や仕事を明確にするが、部下からアイデアや提案を受け入れる。意思決定はリーダーが行うが、双方向コミュニケーションをとる。

S3 支援スタイル

**仕事に対する指示的行動が低く、
部下との関係に対する支援的行動が高い**

部下に日常業務の処理は任せる。意思決定に関与するが、部下に権限を渡す。

S4 権限委譲スタイル

**仕事に対する指示的行動が低く、
部下との関係に対する支援的行動も低い**

部下に仕事を全面的に委任するが、リーダーは意思決定や問題解決に関与する。

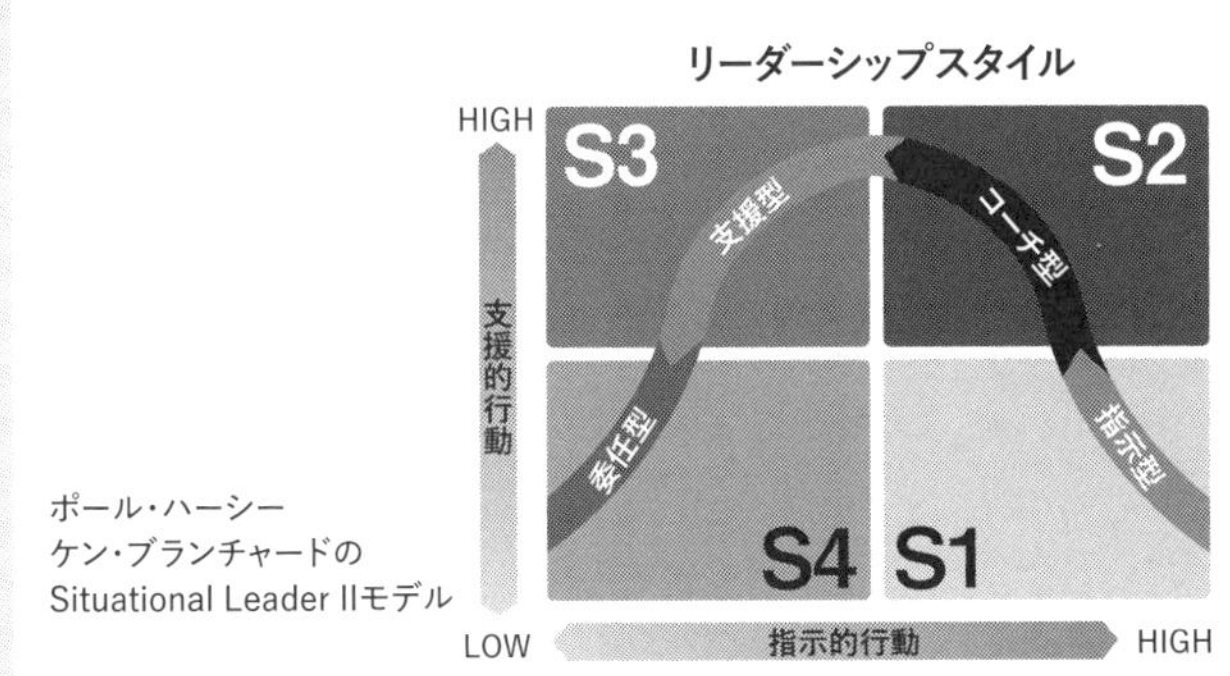

ポール・ハーシー
ケン・ブランチャードの
Situational Leader IIモデル

組織の成長によって変化が必要
―グライナーの「組織の成長五段階説」―

次に、組織の成長によって自身のリーダーシップスタイルを変える必要があるという視点で見ていきたい。これは主に、組織を率いるトップマネジメントに求められるものと考えるとよい。

南カリフォルニア大学教授のラリー・グライナーは、DIAMOND ハーバード・ビジネス・レビュー誌で、組織の成長は比較的穏やかな「進化の時期」と、その後、危機に見舞われる「革命の時期」を繰り返し成長していくことを明らかにした。各段階には必ず「成長」と「危機」という2つの側面が同居している（P187図）。

これがよく知られる「組織の成長五段階説」で、それは次のようなそれぞれの段階であり、その段階に求められるリーダーシップが変化していくことを示した。

ちなみに先ほどの状況対応型は、メンバー個々人によって変えるのに対して、こちらは組織全体に向けてであることに注意いただきたい。

また、各発達段階は実は、第3章で説明した時代によって変化していったリーダーシップスタイル1・0〜にも符合しているので、それぞれの段階に当てはめて説明したい。

●第1段階（3〜50人規模）

〈創造性による成長〉

起業して間もない会社は、創業者がスタッフに対し非公式で頻繁なコミュニケーションを図り運営される。管理業務は放棄し、「モノ作り」と「営業」に全エネルギーを集中する。

〈リーダーシップの危機〉

組織の拡大により創造性とエネルギーだけでは会社の運営が不可能になる。商品や愛着やロイヤリティだけではスタッフを動機づけできなくなる。

●第2段階（50〜100人規模）

〈指揮による成長〉

有能なマネジャーを創業者に代わってトップに据えることにより危機を乗り切る。管理会計や組織管理制度を導入。制度が確立し、公式なルートを使ったコミュニケーションが一般化する。

〈自立の危機〉

スタッフは中央集権的なシステムに制約を感じるようになる。トップよりも直に市場や商品の知識を身につけるようになり、会社の手続きと自分の成長の板ばさみになる。

●第３段階（１００人〜３００人規模）

〈権限委譲による成長〉

現場や現場責任者は大幅な権限を与えられる。マネジャーは刺激を与えられ動機づけになる。

〈統制の危機〉

現場責任者とトップとのコミュニケーションは疎遠になる。自立したマネジャーは他の組織と調整することなくワンマンに振舞う。トップは再び中央集権をくわだてるが、すでに業務が多角化し広範囲にわたるため失敗する。

●第４段階（３００〜１０００人規模）

〈調整による成長〉

分権化された部門をビジネス・ユニットにまとめる。公式の計画プロセスが確立され、全社的な統一プログラムが導入される。企画スタッフが大幅に増員される。

〈官僚化の危機〉

現場スタッフと本部スタッフの信頼関係が欠如する。複数な手続き、公式のプログラムにより大企業病に陥る。日本の大企業が陥っている典型的な危機、いわゆる大企業病ともいえる。ちなみに、前述のクレイトン・クリステンセンが『イノベーションのジレンマ』で指摘した、成功した大企業が破壊的イノベーションの登場を前に没落するというのはまさにこの段階にいる企業の危機的状況を説明したものだ。

組織の成長段階とリーダーシップとの関係

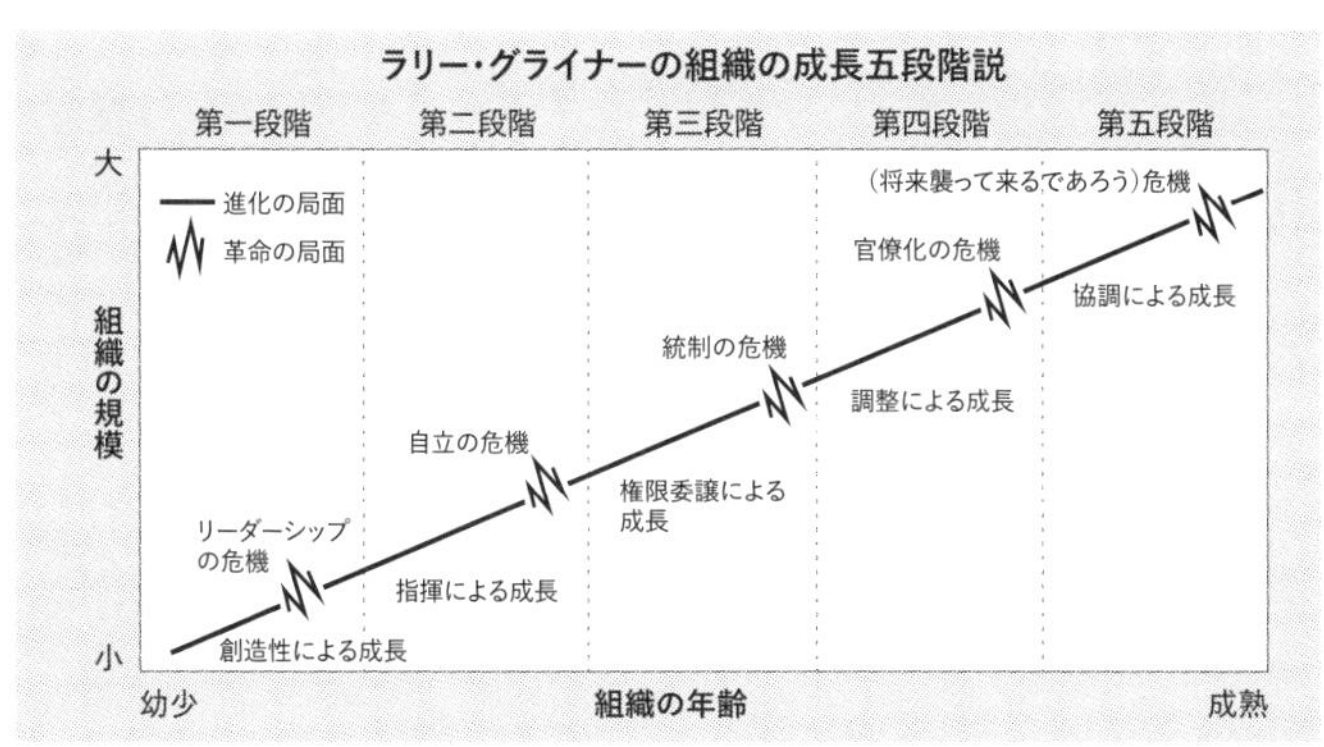

成長する組織の進化と革命(Harvard Business Review1972.July-August)より
『リーダーシップ3.0』小杉俊哉著／祥伝社より

●第5段階（1000人以上）

〈協調による成長〉

チームワークと個人間の協調による任意性を強調。タスクフォース、グループ活動が盛んに取り入れられる。本社スタッフは減らされると共に各層管理者に対するコーチ的役割を担う。主要な問題に絞ったトップマネジメントの頻繁な会議が開催される。

〈将来襲ってくるであろう危機〉

チーム活動の緊張感と革新的解決の重圧により、ストレスが重くのしかかる。ここでのトップのリーダーシップスタイルは、2・0だ。

これは、言うまでもなく、ひとつの組織が年齢を重ね、規模を大きくしていく過程で必ず通過すべき成長のプロセスを示した

成長の5段階の進化期における組織制度とトップマネジメントのスタイル

	第1段階	第2段階	第3段階	第4段階	第5段階
管理の焦点	製造と販売	生産性向上	市場の拡大	全組織の統合と革新	問題解決
組織構造	非公式	中央集権制と職能別	分権制と地域性	ライン・スタッフ製造グループ	チームのマトリクス構造
トップマネジメントのスタイル	ワンマンと企業家的	指揮中心	権限委譲	番犬的	参加的
コントロールシステム	市場の反応	標準化とコストセンター	報告とプロフィットセンター	計画と投資センター	相互の目標設定
管理者の報奨制度	所有	俸給その他の増額	個人賞与	利益配分と株式分与	チームの報奨

『リーダーシップ3.0』小杉俊哉著／祥伝社より

ものであり、もちろんリーダーシップの時代による変遷について述べたものではない。しかし、改めて見直してみると、第3章で示したリーダーシップの変遷の推移と同期していることに驚くのである。

●第1段階

スタートアップの開始によりコミュニティが形成されお互いに共通の目的をもちお互いに頻繁なコミュニケーションを取っている段階。そこには組織という概念が形成されておらず、リーダーシップがないか、あっても、極めてプリミティブなものである。しかし、だんだんとリーダーシップの必要性が認識される。

ここでのトップのリーダーシップは、ワンマンで企業家（起業家）的なものとなる。これは、リーダーシップ1・0と捉えられる。

●第2段階

組織を構成し、指揮命令によって配下の人々（フォロワー）を率いる。企業でいえば組織化の段階で、中央集権的であり、製品は標準化され効率化が追求される。給与を支払う、そしてそれを増額することでフォロワーの忠誠心や動機づけに働きかけようとする。より組織が組織らしくなっていき、リーダーシップ1・1と捉えられる。

●第3段階

組織が大きくなり、市場のニーズをより理解し対応しようとする現場が力を持つようになり、権限を委譲して分権的なやり方を指向するようになる。事業部を設置し、プロフィットセンター化することによって責任を持たせ、報告を受けるような仕組みを取る。業績により個人の賞与に反映されるような制度を取り入れる。

ここでのトップのリーダーシップスタイルは、権限委譲を行っていくものになる。ここでは、1・1の中央集権から、組織上の役割をきちんと遂行することを求めるリーダーシップ1・5への過渡期と捉えられる。

●第4段階

分権され、力をもった事業部は次第にその中で権力を持つようになり、縦割り構造が強化され、全社的な統一感が薄れる。そのため、いかに共通の価値を持たせるかというような調整をしていくようになる。計画と予算管理を徹底するため、重要な役目を果たすのが各部門に配したスタッフであり、本社のスタッフは肥大化する。

ここでのリーダーシップは、1・5の完成型とみることができる。権限は渡しても本社に情報を集約して見張るということから、前述のグライナーは番犬的という表現をしている。

●第5段階

問題解決と革新のため、プロジェクトやタスクフォースの活動が盛んに取り入れられ、組織の活性化と変革が指向される。トップマネジメントの頻繁な会議が行われる。既存組織に所属しながら、縦割り組織から横串を通すプロジェクト、タスクフォースへの参加を積極的に押し進めることで、これを参加的と表現した。リーダーシップ2・0に該当する。

言葉の使い方や細部で当てはまらない部分も若干あるが、概念とそのときそのときの段階で指向するものと運営のプロセスは、驚くほど合致するのである。

そして、グライナーは、第5段階の後、将来襲ってくる危機として、「チーム活動の緊張感と革新的解決の重圧により、ストレスがのしかかる」と述べているのである。これは、まさにリーダーシップ2・0の危機で記述した、トランスフォーメーショナル・リーダーの下「プロジェクト・ベースで相互に競争する学習し合う組織」に疲弊した人々を示している。この論文が発表されたのが、1972年のことであるから、まさにこの将来襲ってくる危機を「予言」しているのだ。まさに慧眼と言うべきであろう。

そして、グライナー教授は、3つの注意点を挙げている。

①今、発展段階のどこにいるか知りなさい

②解決策は限られている。後戻りできないし、焦って成長段階を飛び越えることもできない

③解決策は新しい問題点を孕んでいる

これも組織について述べたものであるが、非常に示唆的である。いったん成長段階を進んでしまった組織はまた元には戻れない。同様に、いったんリーダーシップの進化、成熟を経験した組織はやはり基本的に元には戻れないのではないだろうか。

我田引水と思われるかもしれないが、それこそ次の新しい段階である、リーダーシップ3・0、そして4・0が必要なのである。

組織・メンバーの状況により
スタイルを意図的に選択する

①スティーブ・ジョブズ

あなたもご存じのとおりアップルの共同創業者であるスティーブ・ジョブズは、友人で開発者のスティーブ・ウォズニアックらの存在はあったが、彼が王様の会社であり、全てを自分の思い通りに動かしていた典型的なリーダーシップ1・0スタイルだった。しかし、そのあまりの独断的なスタイルが軋轢を生み、彼がペプシから引き入れたジョン・スカリーから追い出されてしまう。

さて、社外に出てピクサー・アニメーション・スタジオやNeXT Computerで大成功を収めたのち、不振に陥っていたアップルにNeXTを売却し、自ら暫定CEOに就いた。年俸1ドルだった。アップルに戻ったのは金のためではなかった。自らが作ったこのブランドの復活を誰より願っていた。

私もアップルで10ヶ月ほど、ジョブズが率いる中で仕事をしたが、彼は社内向けに何かを発信していたわけではなかった。組織そのものには興味はなかったのだと思う。ただ、外にいた11年間にジョブズが学んだことは、世の中には素晴らしい才能を持った人物がいて、彼らに存分に力を発揮してもらえれば自分の構想を実現できるようになる、ということだった。だから、ジョブズがアップルに戻ってからは、かつての1・0スタイルではなく、誰かに仕事を任せ、その活動を支援すること、そして、他のメンバーと十分なコミュニケーションをとるスタイルになった。特に後任CEOとなるティム・クックとは密に意思疎通をしていたと言われる。

何より、自身が作った頃のアップルとは全く違う、グライナーの成長5段階説で言えば、4段階から5段階へ移行しつつある成熟した大企業になっていることを十分に知っていたと感じる。アップルの変革のために戻ってきて実際大変革に成功したという点では、2・0のスタイルともいえるし、コミュニケーション、支援という点では3・0のスタイルも併用していたといえる。

いずれにしても、もしジョブズが自分が作った会社なんだからとまた自分が思うままに操ろうと1・0で王様のように振舞っていたら、今やとっくにアップルは（実際ジョブズが戻る前、企業売却の噂が絶えなかった）どこかに売られ、そのブランド名を残していなかったことは間違いないと、当時の当事者、人員削減／リストラクチャリングを行った責任者として断言できる。

②稲盛和夫

言わずと知れた、日本を代表する経営者で京セラの創業者だ。その経営手法「アメーバ経営」は社内で徹底されるだけでなく、経営哲学と共に国内外の他社の経営者に大きな影響を与え「稲盛教」と言われた、リーダーシップ1・0の人だ。

時の政府からの依頼でJALの再生を代表取締役会長として無給で引き受けた。認識の甘い経営陣に対してはその姿勢を舌鋒鋭く叱りつけることもしばしばだった。変革のリーダーとして、晩節を汚すリスクまでとって引き受けたのに当事者意識の乏しい経営陣には容赦なく接した。まさに2・0のリーダーシップだった。

一方で、社員に対してはいつも笑顔で、話しかけやすい姿勢を崩さず、気さくに対話し、励ました支援型3・0のリーダーシップだった。この経営陣と一般社員に対する使い分けはもちろん何ら問題はない。そして、会社更生法の適用から2年で営業利益2000億円となりＶ字回復を果たしたのだ。

③土屋哲雄

ワークマン専務の土屋氏は、三井物産時代に社内ベンチャー第一号として三井物産デジタルを立ち上げ、30代の若さで社長となった。その後コンサル部門などいくつも部門を創設し、売り上げ１００億、利益10億の会社の作り方は熟知していると語っている。

筆者も当時あるセミナーのパネルディスカッションでご一緒したことがあるが、大企業に所属しながらギラギラしたベンチャースピリットを漂わせていた印象がある。本人も、当時は狩猟民族だったと語っている。リーダーシップ２・０のスタイルだった。

さて、定年を前に会社を早期退職し、ワークマンに入社した。創業者の社長から、「いい会社だから何もしなくていいよ」と言われた。そして、入社後2年間は何もしないで、じっと会社、社員の様子を観察していた。

会社は、作業服業界を愚直に深掘りして「知の深化」を行い、標準化により長年競争優位性を築いていた。

そのような風土に自分が２・０で乗り込んだら全く機能しないと認識し、自分を変えること（PX＝Personal Transformation）を行ったという。彼らを尊重し、自走型人間、を目標に、自分がやってきた「知の探索」を加えていった。方針はシンプルに、経営目標は1つ。「達成期限は設けない。ボトムアップ、報連相禁止。社員にストレスを与えない」とした（『しない経営』土屋哲雄著／ダイヤモンド社　参考）。

また、経営者は凡人がやることは50％間違う前提で、VUCAの時代には現場に情報があり、データに基づき現場で社員全員が考えて改革するエクセル経営を導入した。

また、フランチャイジーにも、善意型経営で売り上げノルマ無し、休日多く、結果再契約率99％ということだ（『ホワイトフランチャイズ』土屋哲雄著／KADOKAWA　参考）。SNSで盛んに広報活動をしてくれるファンであるアンバサダーは完全ボランティアだ。

その結果は、ご存じの通り、現場の作業着を、主婦（ワークマン女子）、アウトドア、ドライブ、キャンプ、釣り、バイク、ゴルフに展開し大成功を収めている。自社の市場は、スポーツブランドやアパレルが決して入ってこられないブルーオーシャン市場と語っている。社員を主役にし、自身は仕組み作りと広報に徹する支援型3・0に転換し成功した好例だ。

ちなみに、近年再会し対談した際に、リーダーシップ2・0→3・0を話すと、自分のやってきたことを的確に説明する理論があるのか！と驚嘆されたのが印象的だった。

④原晋

青山学院大学陸上部原晋監督とは、ＢＳジャパン（現ＢＳテレビ東京）の番組『人生が変わる人事の話』で、青学が連覇したころに共演させていただいたことがある。

拙著『リーダーシップ3・0』は愛読書で、「この本のお蔭で青学が優勝した、と言ったら言いすぎですが、この本のお蔭で私の指導法が間違いないと確信できました」と言っていただいた。

原監督は、組織の成長にみられる4つのステージと、10年以上かけて作った「青学メソッド」を重ね合わせて述べている。

それは、グライナーの成長5段階説とリーダーシップ1・0～3・0のモデルを組み合わせて、4つのステージにくくり直しているものだ。

1つめのステージは、1・0君臨型。

2つめは、いくつかのグループの代表に指示を出しメンバーに伝えていく1・1もしくは1・5の指示型。

3つめは、監督が方向性を伝えて部員が一緒に考える2・0、そして4つめは監督がサポート役に徹して選手の自主性とチームの自立を促すサーバント型の3・0だ。また、監督1年目と今では指導方法やコミュニケーションの取り方が全く違うと述べている。(日本経済新聞　2020年4月30日夕刊　参考)

そして、箱根駅伝優勝から破竹の4連覇を果たす。ところが、次の大会で最高学年4年の自覚が足りず、寮内で禁止されている飲酒が発覚する。そして原監督は決断し、こう部員に宣言する。「この一年間は君臨型だ。私の指示通り動いてもらう」と。就任当初のように監督が指示、命令を出していく君臨型のスタイルに戻したのだ。

そして、残った4年生を奮い立たせ、復活優勝を果たしたのだった。さらに、一年を経て2年ぶり6度目の優勝を果たすと、優勝直後のインタビューで、「〝自ら律する〟、誰かに頼らず、選手ひとり一人が何をやるかを自分で考え実行できるチームになれた」と声を詰まらせながら語っていた。3・0のリーダーシップスタイルに戻り、見事に自律型組織の完成を見たのだった。

⑤大八木弘明

2023年、箱根駅伝優勝(2年ぶり8度目)を含む出雲駅伝、全日本大学駅伝と併せて三冠を達成し、勇退した駒澤大学陸上競技部大八木弘明監督は、選手に対して後続する車から、スピーカーで「男だろ！」と大声で檄を飛ばす熱血指導で有名だ。かつては、自分の指示は絶対という１・０のスタイルだった。

しかし、２００８年の優勝を最後に12年間も勝てず、自身と学生の年齢も徐々に離れて指導法の転換を迫られ、「一方通行」を改めたことが駒大復権の転機となった。選手の朝練に自転車に乗って付き合ったり、選手の話をじっくり聞くなど対話や自主性を重視した３・０スタイルに転換したのだ。「選択肢を与えて自分で考えさせながら実行させた。疑問を持たせることの大事さをテーマに置いてやった」。

かつては、スピーカーから放たれる「男だろ！」で選手は縮み上がっていたが、「それが励みとなった、勇気をもらえた」と試合後に選手が語るようになった。

２０２３年箱根駅伝前に原晋監督がこのように話していた。「駒大がなぜ強くなったのか。それは大八木監督が変わったからですよ」と。大八木監督のみならず、他校の監督も皆、原監督の成功を見て、選手を主体としそれを支える３・０スタイルを取り入れるようになった。だから皆強くなり、青学一強が崩れた。そのことを、原監督が一番よく知っていたのだ。

自身の成熟によってスタイルを変える

リーダー自身の成長、成熟によってスタイルを変えていく例もある。

拙著『ラッキーな人の法則』（中経出版・現KADOKAWA）で、ゼミ生たちと一緒に古今東西ビジネスの成功者、偉人の言葉、264を抜き出し研究したことがある。そこで、一人の人間の発言が経年変化していることがわかった。

・若い頃は自分を強く打ち出していき、上昇志向が強い（そうでないと、そもそも世に出ない）
・しかしある時期を経て、まわりや世の中に感謝し、そして支援する側にシフトする（感謝・他者支援）
・「成功者」で居続けた人は、みなこうした成長パターンを経ている

①ジャック・ウェルチ

前述のＧＥジャック・ウェルチは、就任当初事業の買収売却を大胆に行い「ニュートロン（中性子）・ジャック」と称せられた。熱心な人材育成の仕組みを構築し、社内で次々と人材プールからリーダーを輩出し、そのリーダーたちは社内外で活躍するようになった。晩年、人材育成が最大の成果であったと述べ「ピープル・ジャック」と呼んでくれと言っていた。

②本田宗一郎

浜松の小さな町工場でオートバイを製造するも、全国に数百社ある一社に過ぎなかった。いつも現場で油にまみれて手を汚し機械をいじっている「オヤジ」であった。経営難に陥った時もマン島ＴＴレースやその後Ｆ１レースに参戦することを宣言し、社員の士気を高揚させて経営危機を乗り切ったＨＯＮＤＡの創業者だ。

若い頃の発言を挙げてみると……

「人生は〝得手に帆あげて〟生きるのが最上だと信じている」

「策では絶対に大きくならん、やっぱり好きこそものの上手なれ」
「人間、生をうけた以上どうせ死ぬのだから、やりたいことをやってざっくばらんに生き、しかるのち、諸々の欲に執着せずに枯れ、そして死んでいくべき、という考え方だ」

これらの発言は、あくまで対象は「自分」だ。

浜松で創業して間もなく、バイクレース最高峰・マン島TTレースに出場すると宣言し、1~3位を独占した頃、四輪自動車に乗り出した頃、F1に出場することを宣言し、見事に優勝していた頃……。

やんちゃで、探求心旺盛で、大志を抱いてそこに向かって強烈に追いかける……。そうしたエピソードは、ここで紹介した「行動系」「態度系」の発言と非常にリンクしているのではないだろうか。

ところが、その発言も次第に変化していく。対象が「他者」に向き、後進の育成を念頭に置いたものが増えてくるのだ。

「人間にとって大事なことは、学歴とかそんなものではない。他人から愛され、協力してもらえるような徳を積むことではないだろうか。そして、そういう人間を育てようとする精神なのではないだろうか」

「人を動かすことのできる人は、他人の気持ちになれる人である。そのかわり、他人の気持ちになれる人というのは自分が悩む。自分が悩んだことのない人は、まず人を動かすことはできない」

さらに、生前最後のインタビュー（亡くなる1カ月前）では、こう思いを語っている。

「俺なんか瀬戸物のカケラにしか過ぎないよ。藤沢を始め、多くの人たちがいたからこそ、会社がここまで成長できたんだ。退職した人や全ての顧客なども含めて、すべての意味でHONDAと俺に関わった人に感謝してやまない」

もちろん、本田氏が若いころから人間的魅力に満ちた人物だったのには、疑いもない。だからこそ、「オヤジ」と慕われ、多くの人が集い、素晴らしい組織をつくり、すぐれた製品を生み出してこられたわけだ。しかし、遊びも含めたさまざまな人間との交流の中で、また、会社の規模が大きくなり、世間からの注目度も高まっていく中で、それまでのあり方ではどうもまずいと気づくときがあったのではないかと想像する。

③マイケル・ジョーダン

スポーツ選手の発言を見ていくと、ビジネスパーソンと比べて、こうした変化がもっと短い期間で起こることが確認できる。

言わずと知れたアメリカ・プロバスケットボールの元スーパースター。初期には、かなり自己中心的な発言が目立つ。マイケル・ジョーダンは、そのキャリアの後半では「神」とまで言われるようになったが、初期のころは、貴金属を身につけてプレーをしたり（現在は禁止）、スタンド・プレーばかりが目立つプレーヤーだった。そんな当時の彼の姿を表す象徴的なエピソードがある。

新人ながらオールスター戦に出場を果たしたとき、彼は味方の選手からパスを回してもらえなかったというのだ。彼は後年、「このことにとても傷ついた」といったことを語っている。

「失敗を受け入れることはできる。だが、挑戦をやめることは受け入れられない」

「私は練習であろうと試合であろうと勝つためにプレーする。何者であろうと私の勝利への意欲の前に立ちはだかることはない。もし他人のネガティブな期待に甘んじてしまったなら、結果は絶対に手に入らない」

そんな彼も、発言が次第に変わっていく。

「もっとも成功する秘訣の1つこそが、リスペクトマインドだ」

「みんなの手本であるからにはネガティブであってはいけないんだ」

「成功したいと思うなら自己中心的でなければいけない。だがもし最高のレベルに達したなら、自己中心的であってはいけない。他人とうまく付き合い、一人になってはならない」

いかがだろうか。とても同じ人間の口から出た言葉とは思えないほど変わっている。ジョーダンはそのキャリアの中で、引退、父親の惨殺、大リーグボールへの挑戦、現役復帰など、さまざまな試練を経験する。その中で、自身が変化を遂げている。だからこそ、彼は、いつまでも多くの人々からリスペクトされるスーパースターとなったのだ。

上司のタイプと異なるタイプを選択することもできる

①廣瀬俊朗

ラグビーワールドカップ、イングランド大会で日本代表チームは南アフリカを破るという奇跡を起こし、そして3勝を挙げた。

日本代表チームはそれまで過去24年間で1回しか勝っていない弱小チームだった。ヘッドコーチはリーダーシップ2・0の鬼軍曹エディー・ジョーンズだ。彼が代表チームに着任すると最初にキャプテンに任命したのが廣瀬俊朗選手だった。

ジョーンズのスタイルは、とにかく厳しく、ときに選手を罵倒し、人間性まで否定するものだった。年間に200日を超える合宿、そして一日4回、世界一厳しい練習を行った。選手たちは疲弊しやる気を失っていった。

そんな中、当時キャプテンだった廣瀬がメンバーを集めて行ったのが、我々は何のために勝つのか、という話し合いだった。（『なんのために勝つのか。』東洋館出版社）

その結果、彼らが決めたのは3つの「大義」だった。

それは、

●日本のラグビーを変える

世界と試合すれば負けどうせ勝てない、という負け犬根性を払拭する

●憧れの存在となる

代表選手が憧れの存在にならないと子どもたちがラグビーをやってくれない。従って日本ラグビーの将来はない

●2019年（次のW杯）につなげる

そして、4年後の東京大会につなげる

ということだ。

そして選手たちはグラウンドに戻っていった。

その大義を達成するために、ジョーンズが掲げたビジョンであるW杯ベスト8、そしてそれを実現するためのハードワークに耐える覚悟を持ったからだ。ビジョンだけでは頑張れない。パーパスが必要だということだ。

ワールドカップ前に、廣瀬に変わってリーチマイケルがキャプテンに任命された。そして、本戦で廣瀬の出番はなかった。それでも、腐らず大義を全うするため、代表メンバーに選ばれなかったメンバーたちからのビデオメッセージを募って、試合前にみんなに見せたり、献身的なサポートを行った。元代表の森重隆氏らラグビー関係者が廣瀬を日本大躍進の立役者と評価する所以だ。

これが、次の東京大会で悲願のベスト8へとつなげたのだ。

廣瀬自身は、ご一緒した時にキャプテン当時の自分のことを「人事権もない中間管理職だった」と語っていた。

この例は、上司がたとえ2・0の変革のリーダーでも、チームのメンバーには、支援型3・0のリーダーシップを発揮して、力をまとめることができる、という好例だ。

②富井伸行

富井氏は新卒でニトリに入社し、その後退社して友人たちと起業し、40代になって再入社した出戻りだ。

再入社した頃、たまたま拙著『起業家のように企業で働く』（クロスメディア・パブリッシング）を読み、これは自分にとってのバイブルだと直感したという。ワークライフバランスフェスタ東京で行った私の講演を聴きに来て、終了後、そんなことを伝えに、話しかけてくれた。その時は、本にサインをして別れた。

それから、2年ほど経ち、SNS経由で「もうそろそろお会いしてもいい頃だと思いまして」と連絡があった。面白い言い方をするなと思ったが、ではランチでも、ということでご一緒した。

その時にこんな話をしてくれた。

本を200回以上読み返し、コアとなる思考システムを学び続けたそうだ。

行動しては振り返り、読み返し、また行動する。それを繰り返す。まさに「信じる者は救われる」と。

- 先生の本はとても読みやすいので、表面的に読み飛ばしてしまうこともできるが、じっくり読み返すと、都度発見がある
- 一つひとつの文章や項目の裏側に、先生の体験やコアの思考プロセスが流れており、すべてが有機的につながっていることがわかる
- 本の内容は、レバレッジの効く最高の武器になっている

まさに著者冥利に尽きるような話でびっくりして聴いていた。すると、こう続けた。

- 2年前はニトリのいち担当者でしたが、こうした学びを続け、日々実践していった結果、社内でもトップレベルの業績を上げ続け、5段階昇格し、今や社長直轄の法人事業部トップになった。115人の部下全員に本を買って読ませている

ニトリは創業者である似鳥昭雄会長が、他の多くの創業者と同様にリーダーシップ1・0で率いるワンマンカンパニーだ。

その中で、こう言われていたそうだ。「おまえの好きなようにやれ、ただし毎期業績は前期比2～3倍にしろ」と。

同社は元々消費者向けＢ２Ｃで飛躍した会社で、法人事業Ｂ２Ｂは後発だ。オフィス家具は大手数社が寡占しているが、そこに富井氏が率いる自律型組織がどんどん食い込んでいき、実際に売り上げを伸ばしていき、コロナ禍でも黒字を維持した。

また、法人向けに先行して出したものを、消費者向けに量販化を開始し、ヒットする商品も生まれるようになった。

そして、本人は実名社名を出してもまったく差し支えないとのことだったので、『起業家のように企業で働く 令和版』の後書きに富井氏のストーリーを書いて、本を送ったところ、次のような連絡が来た。

・あれから2年たち、全国38事業所、４５０名の部下を率いており、海外の複数拠点の運営やアライアンスの責任を負うようになった
・そして、最年少で執行役員に昇進した

上司がカリスマ性が強いリーダーシップ１・０や２・０であっても、自部門は３・０にこだわり成功することで、それが組織全体に影響を及ぼしていくという好例だ。

リーダー自身の無意識の変容（堕落）

最後にメンバーや組織によって、あるいは自身の成長によってではなく、リーダーが無自覚的にそのスタイルを変えてしまう例を紹介する。残念ながら人は権力を握り、そして長く権力者であり続けると、変容を遂げてしまうリスクを常に抱えている。

①ラジャット・グプタ

マッキンゼーの元ワールドワイド代表のラジャット・グプタという人物がいる。インド・カルカッタ生まれ、10代で孤児となり、2人の幼い弟妹を育てる責任を負った。国家入試で全国15位となりインド工科大学デリー校に入学、その後米国にわたりハーバード・ビジネス・スクールでMBAを取得し、卒業後マッキンゼーに入社。同社初の米出身でないワールドワイドの代表となり、9年間で世界規模の大手企業へ成長させ収益は280％増となった。同時に慈善事業においても、エイズ、結核、マラリアの世界対策基金の議長を務めたり、インド・ビジネス・スクールを設立し、多くの非営利組織の委員会の委員にもなった。そして、インド人コミュニティの英雄となった。

しかしその後、インサイダー取引で4つの有罪判決が言い渡され、服役。2億1千万ドルの資産があったにもかかわらず、もっと欲しいという欲望があったのではないか。事件発覚前、コロンビア大のスピーチで「自分を振り返ってみると、お金には左右されるところがあると思う」と自分の弱さを認めていた。

②カルロス・ゴーン

赤字を続けるかつての名門企業にフランスのルノーが救済に乗り出し、COOとして送り込まれたのがカルロス・ゴーン。就任2年で黒字化、そして4年目に過去最高益をたたき出し、有利子負債をほぼ返済し、その手腕から自動車業界の救世主と言われた。

いきなり、ビジョンや方針を上から提示するのではなく、社員の意識調査や徹底的な対話から、タスクフォースチームに提案をさせ、そこからNRP（Nissan Revival Plan）を作ったことで、社員に自分たちのビジョンとして共有、実行に結びつけた。

ゴーンは2つの顔を持っていた。

・コストカット、厳しい要求、コミットメント（必達目標）ｖｓ．賛辞、ねぎらい、激励、熱意、期待を示す、人間性

・トップダウン（戦略、意志決定）ｖｓ．ボトムアップ（コミュニケーション重視、社内重視）↓下からの提案＋トップの考え＝ＮＲＰ

・リーダー（チームをビジョンに導く）ｖｓ．コーチ（答えをチームの中に求める）↓リーダーシップ・コーチング

このような変革のリーダー2・0として素晴らしい成果を残したが、日産CEOそして、ルノーCEOも兼任することにより、権限の集中が長年続き、だれもゴーンを止めることができなくなっていった。

ここで挙げた2人以外に、日本企業においてもトップに就任後大躍進やV字回復を果たし、その手腕が高く評価されるが、その後院政を引くなどして、会社を追われ晩節を汚す例が数多ある。

政治の世界でも、サダム・フセインは、若かりし頃アラブ諸国のエースとしてそのリー

ダーシップは高く評価されていたという。

ウラジーミル・プーチンは、若い頃西側諸国との連携に意欲を持ち、西側諸国からも冷戦後の世界を共に担うリーダーとして期待されていた。

これらは映画『スター・ウォーズ』における、優れた才能を持つジェダイの騎士アナキン・スカイウオーカーが、フォースの暗黒面にとらわれ暗黒卿となるたとえから、「ダース・ベイダー」化とも言われる。

力、権力は昔から人を惑わし、溺れさせる麻薬のようなものなのだろうか。

無私、自利利他、引き際の美学

だからこそ、京セラ稲盛和夫氏の言葉としてよく知られた「無私」、「自利利他」（自らを利するとともに、他をも利するという両方がともに完全に行われること）や、「動機善なりや、私心なかりしか」と常に自問自答し自分と厳しく向き合い続けることが必要なのだ。

その決断や行動は、自分のためにやっているのではないだろうか？ 他者を利するために考えたことだろうか？ 社会善のためにやっていて、自分が得をするからやっているのではないだろうか？

常に自分の胸に手を当て、そう問い続けるのは大変難しいことだ。いわば修行僧のようでもある。しかし、組織を率いるトップには絶対に必要なことのはずだ。**そうでなければ、社員やさまざまなステークホルダーは、そのリーダーを信頼することができないからだ。**

また、いったん手にした地位を手放すことは非常に難しく、ましてや創業経営者であればそれは至難の業なのは容易に想像がつく。そんな中で、本田宗一郎氏の「引き際の美学」は、いまでも語り継がれ、そして宗一郎が今でも尊敬される経営リーダーのお手本とされる理由であろう。

簡単にそのストーリーを共有したい。

大気汚染が悪化する中、厳しい排ガス規制を自動車メーカーに課す米マスキー上院議員のいわゆるマスキー法案が提出され、ビッグスリー（GM、フォード、クライスラー）が不成立のためロビーイング活動を強めた。宗一郎は、これはチャンスと若手のエースを集めたプロジェクトチームを作り、早速開発に着手。しかし、そう簡単にクリアできるものではなかった。

疲弊するチームメンバーは、何のために家族との時間も犠牲にして取り組んでいるのか、という疑問を持った。そして皆で話し合った結果、「子どもたちに青い空を残すために取り組んでいるのだ」というビジョン・パーパスに至った。そしてまた開発に没頭していった。何年もの試行錯誤の結果、遂にクリーンエンジン（CVCC）が完成し、宗一郎に報告した。

宗一郎は大いに喜んで「でかした！　これで我が社もビッグスリーに対抗できる」と言った。

これを聞いたチームメンバーたちは「なんだ、そんな小さいことのために我々は頑張ってきたのか」と非常にガッカリした。

この件を、後に社長となるプロジェクトリーダーの久米是志が宗一郎に報告に行くと、黙って聞いていた。そして、CVCCを搭載したシビックを世界に発表するその華々しいイベントで、宗一郎は突然自らの退任を告げ、社内外を仰天させた。

その後も何も語らなかったが、数年後『日経ビジネス』のインタビューで「私はみんなのビジョンを掲げ経営してきたつもりだったが、いつしか自分のビジョンを社員に押しつけてしまうようになった。そういう人間が経営トップでいてはいけないのです」と。

column

イノベーター理論とキャズム理論がそのまま使える自律型人材の広がりのケース

マーケティング理論としてよく知られた、イノベーター理論、キャズム理論を使ってお伝えしたい。

❶イノベーター理論とキャズム理論

イノベーター理論とはスタンフォード大学のエベレット・ロジャーズが著書『イノベーションの普及』（翔泳社）の中で提唱したものだ。

新しい商品、サービスに対して、まず真っ先に食いつくのが消費者全体の2・5%の出現率のイノベーターだ。善し悪しは関係なく、「新しいこと」が重要で、まだ人が知らないような新しいアプリを使っていたり、試作段階のものを試している。昔の話でいえば、たとえばWindowsの新しいバージョンや、iPhoneの新型モデル、ドラゴンクエストなどを、発売前日から徹夜して並ぶような人だ。

次に13・5%のアーリーアダプターは、流行に敏感で情報収集を熱心に行い、「ベネフィット」があるかどうか自分の判断で商品やサービスを購入する。そして、それをSNSなどで発信するため、昔ならオピニオンリーダー、今ならインフルエンサーと呼ばれたりする。

一般の人であるマジョリティ、その中でも34％のアーリーマジョリティは、新しい商品やサービスに対して比較的慎重だが、一方で「流行に乗り遅れたくない」ので、平均よりは早く新しい物を購入する。インフルエンサーの評価、評判を見て、あるいは製品バグなどがなく品質が安定していることを見極めて、「ではそろそろ買おうかな」と購入する層だ。それに続く、34％のレイトマジョリティは、なかなか購入には踏み切らないのだが、世の中の半数に行き渡るような状況になり、周りの人も結構使っているのを見て、重い腰を上げるという層だ。

そして、世間の多くの人が使おうが、まだ使える、買い換える必要はない、いや古い物に価値がある、と我が道を行く、壊れるか使えなくなるか、いずれにしても滅多なことでは買わない層が16％のラガードだ。

キャズム理論は、マーケティングコンサルタントのジェフリー・A・ムーアが『キャズム』（翔泳社）の中で提唱したもの。イノベーターとアーリーアダプター合わせて16％のいわば新しもの好きと、アーリーマジョリティの間には大きなキャズム（溝）が横たわっていて、アーリーアダプターに受け入れられても、それから先には広がらず、マジョリティには「大勢の人が使っている」という安心感が必要だという指摘だ。そのため、マーケティングでは、CM、プロモーション・キャンペーン、インフルエンサーのサポートなどを駆使して、なんとかその安心感を訴えようと工夫を重ねているのだ。

❷ 自律型人材の広がりのケースS社

拙著『2％のエース思考』（ワニブックス）で、自らリーダーシップを発揮し、組織内で自律的に働く人の割合は、日本の大企業では2％ほどしかいない、という指摘をした。正規分布でいえば上位2・5％、ほぼイノベーターと符合する。大企業企業研修を長年行ってきて、やはり50人に1人、100人に2人くらいしかそのような人材はいないと実感している。ただし、これは、自然発生的には、という前提での話だ。

さて、このイノベーター理論とキャズム理論を、自らリーダーシップを取り、自律的に働く人の発生過程に当てはめてみたい。

具体的な例がわかりやすいと思うので、実際に筆者が関わったプロジェクトの中のひとつをお伝えしよう。

日本の住宅業界に属する大企業S社は、同業他社同様かつては上意下達の風土で営業成績を上げた人間がどんどん出世し、そのような人材が経営幹部となっていった。受注成績すべてのキツい仕事で業界全体の退職率も高かったし、S社も同様だった。

少子高齢化による着工件数減により、新築物件だけに頼る従来の手法では、事業の先細りは明らかだったが、危機感は薄かった。

そんな中、経営企画と人事の担当役員だったK常務は危機感を募らせていた。K常務は部下の経営企画と人事の主任クラスの若手2人に命じて、「毎年400名の（新卒入社者の毎年の平均人数）革命家を創る研修」を探してくるように命じた。

2人はたまたま、前述の『キャリア・コ

イノベーター理論、キャズム理論

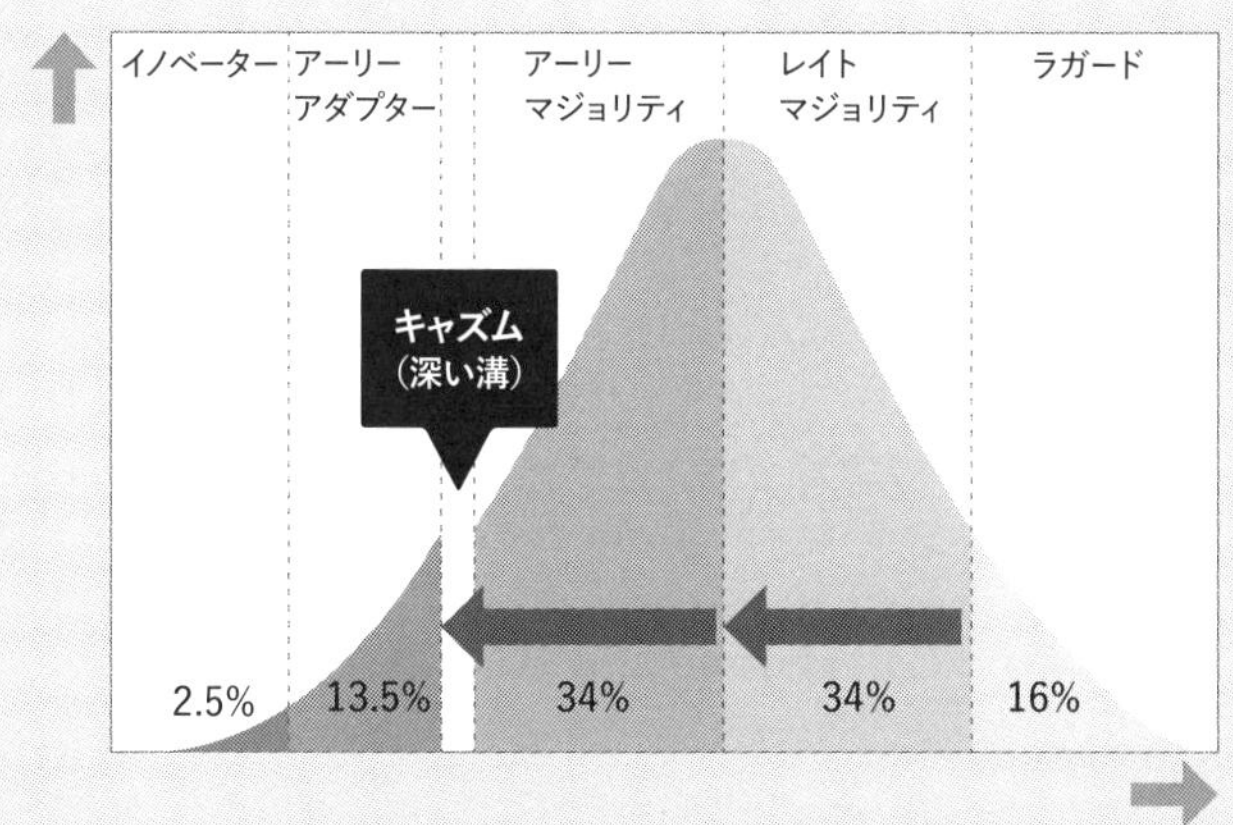

ンピタンシー』の本を読み、これだと思って私の所にやってきて、ぜひ一緒に革命家を創る、言い換えれば自分の意志で自律的に動き組織をリードする人材を育成する研修を作って欲しいと頼み、私は面白そうだったので即座に引き受けた。2002年のことだ。前述の通り、まだ自律やキャリアの概念もまったく広まっていない時代でK常務の慧眼と言える。

当時は、S社でも「社員が自律するなど、生意気になるだけでとんでもない」、という反発が強く、あからさまに反対する役員もいた。そこで、たるんでいる中堅社員に喝を入れるための「中堅社員活性化研修」という名目のもと、ステルスで「自律」を広めていくことにした。

入社10年目の社員は強制参加の3日間の研修で、最初は明らかにやる気が見えず、中にはあからさまに反発する社員もいた。「自分に営業させろ、こんな無駄なことをやらせるな」と言わんばかりに。しかし、研修が進むとだんだん目の色が変わっていき、最終日には自分のキャリアを自ら創り出す、そのためのリーダーシップを取るという意欲に溢れているのが見て取れた。やる気がないように見えた社員も「実は上司から何も聞くなと言われてきたが、受講してみて目から鱗でした。申し訳ありませんでした」と最後に直接言ってくれる社員もいた。それは研修の感想や、その後のフォローであるキャリアコーチングでも確認できた。中には高い自律意識を持って主体的に参加する人材もおり、それはやはり2％程度だった（イノベーター）。彼らは、受講前から、組織や上司とは関係なく自律的に働き、自分の思うような働き方ができていた。しかし、彼らは社内では極めて少数派の変わり者だった。

ざっくりとくくると、実際に研修後自律的に動き出す人間は、元々自律意識を持っている人間と合わせて、20％程度だった（＋アーリーアダプター）。彼らは、会社の制度や上司は関係なく自分次第だということがわかったと、たとえば設計士だけの営業部隊を創ったり、設計士には例がなかった営業職への転身を自ら志願して実現したり、働きながら私費でMBAを取得し工場勤務から本社資材部門へ異動を自ら仕掛けて実現するなどしていった。研修が明らかに彼らの背中を押したのだ。

50～60％（マジョリティ）は研修終了時には意気揚々としていたが、やはり職場に戻ると、頭から押さえつけられ、やらなければならないことに追われた。そのマジョリティに多かった感想が、「自律的に働きたいが、上司がそれを許さない。彼らにもこの研修をぜひ受けてもらいたい」だ。

つまり、アーリーアダプターは研修で行動変容が起きたが、マジョリティの間にはキャズムがあり、動かなかったということだ。

さて、経営企画の主任Mは、自らも自律研修の社内講師になり、そしてK常務の危機感を身近に感じていた。そして、相談しながら、当時のワンマンといえる社長に、自律の重要性、危機感を訴え、社長以外の経営陣の意識調査という名の外部アセスメントを実施することにこぎ着けた。

その結果、みんな達成指向が異常に高く、ビジョン構築や合意形成、部下育成に対する意識が低い、ということがわかった。その後実施したひとつ下の階層である本部長クラスもまったく同様だった。

経営層、管理職層がこれでは、自律型の人材が育たないということで、まずは、ビジョン構築、合意形成、部下育成に役立てるための研修をそれぞれ3日間設定して、管理職候補者に手挙げ式で参加してもらった。私も合意形成研修を担当した。それぞれの研修後レポートを提出してもらい、今後の行動目標を示し、確かに自信をモノにしているかをチェックした。それが非常に受講者から好評だった。それを受けて、今度は制度に手を入れた。思い切った評価制度改革を行った。それは、どんなに業績を上げていてもビジョン構築、合意形成、部下育成を体現できない者は今後は管理職に登用しないというものだ。断固として研修の受講を拒んでいた者も、さすがに同期や部下がどんどん出世していくのを見て、重い腰を上げ受講するようになった。

これらの一連の施策が、マジョリティの背中を押した。そして、海外事業部を新設すると、新天地を求める多くの人材の手が上がるようになったり、それ以外の社内応募に対してもどんどん希望者が増えていった。

研修開始から、10年ほど立つと、反対派の役員たちも退任し、どんどん自律型の組織へと変わっていった。上司は部下の自律を後押しするような、後で出てくる支援型リーダーが社内の多数派になっていった。アーリーマジョリティが動きさえすれば、自動的にレイトマジョリティも同じ動きをするようになった。そして、マジョリティを含む80％以上の人材が自律的に動くような会社に変身したのだった。

ここで重要なのは、何をしてもてこでも動かないラガードがどうしても20％弱はいるのは仕方ない、ということだ。落ちこぼれを作らない日本の悪平等の教育、入社後も終身雇用によって、職能資格、年功給で組織に長くいるほど給料が高くなり居心地がよくなるという風土を長らく保ってきた組織において、全員を動かそうとしてもそれは土台無理なことだ。

大企業の経営者や人事責任者と話すと、どうしてもマジョリティに対して施策を打とうとする傾向が強い。しかし、変革を速やかに実現するには、アーリーアダプターを含めた20％の人材の背中を押して経験をさせる制度にすること。そうすると、それをじっと見ていた保守的なマジョリティも動くようになるということだ。

踊る裸の男とリーダーシップの映像を観たことはないだろうか。ひとりで変な踊りをする男はイノベーターだ。そこに加わる第二の男が真似をして加わるとモードが変わる。アーリーアダプターだ。それが転換点となる。第二の男の働きかけによりやがて、皆が先を競って参加し、マジョリティを形成するのだ。

ちなみにコンサルをさせていただくと、さすがに大企業のトップやCHROも今や、何をやっても動かないラガードは仕方がない、と見切りをつけるようになったと感じる。

さて、S社では、いろいろないきさつはあったが、この研修と自律組織への変革を進めた当時の主任Mが、その後大抜擢でS社の社長に就任したのである。

キャリア自律を推進するために、マネジャーの支援が重要であると位置づけている。上司と部下との徹底的な対話を通じて、本人のやりたいことを引き出し、信頼関係を築いていくスタイルを徹底している今のS社に昔の面影はまったくない。

第6章

支援型リーダーの武器

①エンパワーメント

本章では、支援型3・0のリーダーシップを実践するリーダーたちが手にしている〝武器〟について述べたい。たくさんあるのだが、紙面の制約もあるので、ここではその中でも特に重要な12の武器について、できるだけ具体的な事例を交えて述べていきたい。

ひとつめは、第5章でも紹介したワークマン土屋哲雄専務に再び登場いただく。第5章では両利きの経営の観点から説明した。さらにここで、社員に対してエンパワーメントを行っているから成功したのだという観点から述べたい。

土屋氏が入社する前、同社は知の深化を愚直に行うスペシャリスト集団であった。現場の作業に適した機能性の高い作業着を安価に提供するということ、標準化することでいつお店に来ても同じ商品が同じ値段で買えるという作業員たちからの圧倒的な信頼感を得て、40年間に渡って競争有意性を確立してきた。

しかし、いくら機能的で安くはあってもそのデザインは一般のユーザーなど、職種を超えるモノではなかった。お世辞にもファッショナブルとは言えない作業着を作業場や職場では着たとしても、特に女性にとっては日常で着るのは希であった。

さて、2年間そんな会社や社員の様子をつぶさに観察した土屋氏は、こんな高機能な商品をこんな値段で売るなど、他に誰も真似のできないことだと認識した。それは、他の様々な生活のシーンに転用できるものだとわかったのだ。

作業着を売る同業者は数多いが、絶えず研究を重ね、高機能、低価格を実現している全国で展開する業界Ｎｏ・１のワークマンの機能性に対抗できることはなかった。そして、スポーツブランドや、ＵＮＩＱＬＯなどのアパレルも、とてもその値段で販売できるものではなかった。特に前者とは10倍は売価が違った。

ということは、使用シーンを変え、顧客層を広げることで、誰も手をつけていないまさにブルーオーシャンの市場が広がっていると直感したのだ。土屋氏曰く４０００億円の空白市場だ。

さて、土屋氏は愚直に深掘りするスペシャリスト達に、自由を与え、任せたのだ。この商品を他に使えないか、ちょっと手を加えれば用途が広がるんじゃないか、と投げかけて。

エンパワーメントは、その言葉が一般的になっているにもかかわらず、どうも正しく理解されていないので示したい。

Ｗｈａｔ／Ｗｈｙとは、何をやるのかというゴール、そしてなぜやるのかというパーパスだ。そして、それを具体的にどのように実現するかというのがＨｏｗだ。

日本語に「権限委譲」と訳すと別物になる。また、まる投げをエンパワーメントだと勘違いしている人も多い。あくまで、Ｗｈａｔ／Ｗｈｙという本質を十分に共有し、Ｈｏｗは全て任せる、これが本来のエンパワーメントだ。

条件は次の通りだ。

①目標、目的
②使用できるリソース
③制限、制約条件
④結果に対する報奨
⑤報告義務

（『人材マネジメント戦略』小杉俊哉著／日本実業出版社　より）

任せたのに報告義務を課すのに違和感がある人もいると思うが、目的は管理することではない。進行状況を共有することで場合によっては必要なアドバイスや支援をできるようにしておくこと、それがエンパワーした側の責任だからだ。

従って、日報だとこれは管理になってしまう。どんなに頻度が高くても週報、あるいは隔週報、月報だろう。もちろん、正式な報告書である必要はない。どんな状態なのか様子を伝えるということだ。

さて、土屋氏は実際のところ、目標を一つ明確に設定し、達成期限は設けなかった。報連相は禁止したが、もちろん社員から話しかけてくる場合は喜んで受け入れた。とにかく、社員にストレスを与えない、そし

エンパワーメントの条件

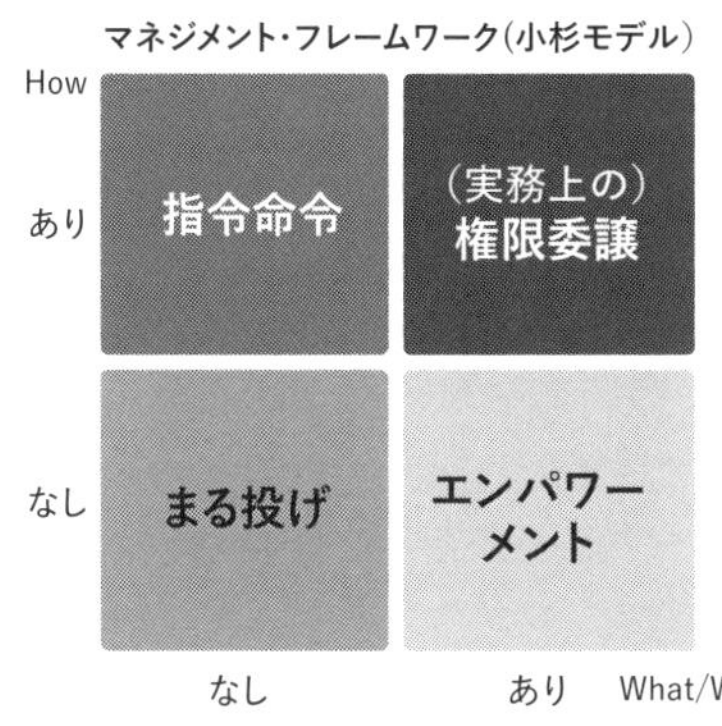

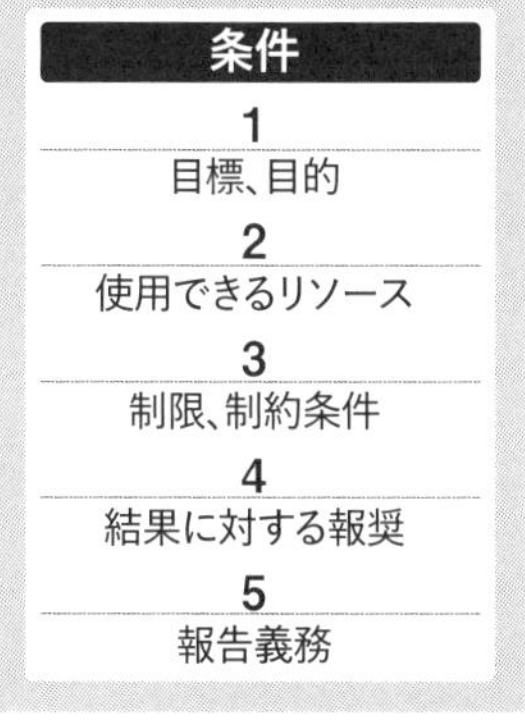

条件
1 目標、目的
2 使用できるリソース
3 制限、制約条件
4 結果に対する報奨
5 報告義務

『人材マネジメント戦略』小杉俊哉著／日本実業出版社より

て楽しんでやってもらうことを目的にしたのだ。

その結果、家事や趣味で服を汚す機会の多い主婦をターゲットにした商品が出、今やワークマン女子と呼ばれるファン層を形成している。また、アウトドア、ドライブ、キャンプ、バイク、釣り、ゴルフ、とアウトドアのスポーツや趣味にどんどん一般のユーザーを対象とする分野に拡大していった。

ちなみに、その情報拡散にはＳＮＳが大いに貢献したわけだが、インフルエンサーたちは全くのボランティアで行っており、一切会社として費用を支払っていない。お金を払うとなるとどうしても制約条件や要望が出てくるからだ。ユーザーは投稿から宣伝の匂いを感じると一気に離れる。彼らにも自由にやってもらうようエンパワーしたのだ。

②ファリシテーション

ファシリテーションとは、ミーティングやプロジェクトで議論を促進したり、問題解決につながるようサポートすることだ。リーダーシップには、常にグループ・プロセスやダイナミクスが密接に絡んでくる。すなわち、ファシリテーション≒リーダーシップだということだ。

会議や研修の司会的なものであると解釈し、事業部長、部長など地位が上がると若手にファシリテーションを任せてしまう例を多く見る。これは非常にもったいない。**もちろん若手を育成する目的で敢えてそうしているのだという人もいるのだろうが、本来トップが議長を行うべきだ。**

たとえば取締役会議長は、会長や社長がやることが決められているのだ。自身が場を席巻してしまうので、別の人に任せているという人もいるが、それはファシリテーションスキルが悪いだけで、もっとメンバーの意見を引き出すようファシリテーションスキルを磨くべきだ。そのチャンスを逃している、したがってせっかくのリーダーシップを磨く機会を失しているということだ。ファシリテーター≒リーダーは他の参加者とは、役割、スキルが重なる。

・役割…メンバー一人ひとりに参加を促し、みなを束ね、腹落ち感を持たせてモチベーションを上げ、一体感を持ってゴールに向かわせる

・スキル…場のデザイン（事前準備、目的の共有）
対人関係（コミュニケーションを促し、傾聴・質問を行い全員が意見を言いやすい環境を作る。発散）
構造化（出た意見を整理しながら、論点を構造的に絞りこむ。収束）
合意形成（ゴールに向かって、実行に移せるよう決定を行う）

ファシリテーションは（スタイルややり方はさまざまであっても）場の仕切りであり、それができない人がリーダーシップを発揮することは難しいのだ。

ヤッホーブルーイングは、今やクラフトビール（地ビール）の最大手であり、ビール業界全体でも大手5社に次ぐ6位に位置している。「よなよなエール」「インドの青鬼」「水曜

日のネコ」など主要ブランドは、オンラインや全国の多くのコンビニ、スーパーで購入することが可能だ。

さて、そんなヤッホーブルーイングは星野リゾートの子会社で、創業者は星野佳路氏だ。地ビールブームで一気に上昇気流に乗ったが、その後地ビールブームが終焉し、業績は悪化した。社員は、他人任せ、目指す方向がバラバラ、自ら動かない、皆でやる仕事に消極的、元気がないという状態だった。そのタイミング（2008年）で、営業担当から社長に就任したのが、井手直行氏だった。

就任当初は、トップダウンで指示命令したが、誰も従わず、毎朝の朝礼は自分一人でしゃべり、シーンとしてまるでお葬式だったと井手は語っている。友はいたが、独力ではダメだという判断に至り、外部のチームビルティングセミナーを受けたことで、自分の考えが間違っていることに気づかされた。

社員を変えるには、自分が変わらなければダメだということだ。そして、理想を諦めたらダメだということも。社員にはそれぞれに個性がある。それをお互いに理解し、目標を定め共有し合意するということが必要だとわかった。

そして、自らがファシリテーターとなり社内で研修を実施した。何より、コミュニケーションが重要と考えたからだ。最初の参加者は少なかったが、変われる人から変わればよい、と毎年実施した。浸透には5年かかったが、「急がば回れ」の言葉通り、やり続けることが重要だ。ちなみに、社員はお互いにあだ名で呼び合っており、自分は「てんちょ」と呼ばれている。

研修のかいもあって、社員に一体感が醸成され、結果業績はV字回復した。そして、「働きがいのある会社ランキング」（Great Place to Work® 発表）で毎年上位に選ばれ、ポーター賞など多くの賞も受賞するなど、社員の熱意と多くのファンに支えられて継続的に成長する会社に変身した。会社のビジョンは「クラフトビールを通して世界中に平和を」「夢はよなよなエールでノーベル平和賞！」だ。

③ブレーンストーミング

あなたの所属する組織はブレーンストーミングをやっているだろうか。私が今まで研修や役員、顧問、コンサルティング等で関わってきた企業、省庁、学校等では、実行しているところは極めて少数だ。企業でいえば、スタートアップではブレストをやっても、歴史の長い企業ではまずやっていないのではないだろうか。

ブレーンストーミングというのは、アレックス・F・オズボーンが提唱した会議方式で、集団思考、集団発想法、課題抽出を行う際に使うものだ。

それなら、自社でもよくやっていると思うかも知れない。では、オズボーンが定義したブレーンストーミングのルールに従ってやっているだろうか。

●ブレーンストーミングの4原則

①結論厳禁（結論を出さない）

②自由奔放（奇抜なアイデアを歓迎する）
③質より量（量を重視する）
④結合改善（アイデアを結合し発展させる）

いかがだろうか。

・結論を出そうとしていないか？
・突拍子もない意見を否定していないか？
・なるべくいいアイデア（賛成を得やすいもの）を厳選して出そうとしていないか？
・それぞれのアイデアは単発になっていないか？　人のアイデアに乗るのはパクリだと思っていないか？

鎌倉に本社のある面白法人カヤックをご存じだろうか。スマホアプリやさまざまなコミュニティ事業、街づくり事業を営む東証グロース市場の上場企業だ。大きなオフィスビルはなく、本社は元銀行の跡だし、街の至るところに増殖するようにオフィスや運営する飲食店などが広がっている。会社の公式ウェブサイトにも所在地に「まち全体が、ぼくらのオフィスです。」と書かれている。柳澤大輔ＣＥＯは古くからあるこの地を大切にする鎌倉の企業で作るカマコンバレーの活動の仕掛け人でもある。

企業理念は「面白法人」で、経営理念は「つくる人を増やす」だ。そのために、柳澤は「ブレストは経営の根幹」と明言する。ブレーンストーミングによって社員は全てのことを自分ごとにする、面白がるというのだ。

同社では、オズボーンの4原則をもっとシンプルに2つに集約している。

●その❶ 人のアイデアに乗っかる

・できるだけ準備していかない
・相手の話をよく聴く、面白がる
・チームワークがよくなる

●その❷ とにかくたくさんの数を出す

・人の意見を否定しない
・右脳を使う
・説明不要、ロジカルである必要はない

その❶だが、人のアイデアに乗っかるためには、人の話をよく聴いていなければならない。一般の会議であらかじめ用意された資料を担当者が読み上げるのを適当に聞き流しているのとはわけが違う。資料は用意しない、準備もできるだけしない方が話が既定路線から外れて思わぬアイデアにつながるからだ。

そして、人の話を面白がること。自分が話すアイデアを出席者全員が熱心に聴いて、面白がってくれたらどうだろうか？　そう、チームワークがよくなるのだ。

その❷だが、アイデアをたくさん出すためには、人の意見を否定してしまったらもったいないのだ。数が減ってしまうから。そして、左脳で判断するのではなく、自由に右脳を使って探索することだ。左脳ではないから、説明やロジカルは相容れないものだ。

どうだろう、この方があなたの会社でやっている会議よりもずっと、イノベーション（新結合）が生まれやすくないだろうか。何より、新入社員がすぐに貢献できる。従来の会社や、ビジネスの常識がないほうが突拍子もない意見を出せるからだ。

世界的なデザイン会社、デザインコンサルティング会社IDEOをご存じだろうか。アップルの初期のマウスをデザインしたことでも知られ、デザインシンキングが流行ったときにその中心にいた企業だ。

同社は、新たなデザインを考える時に、「まず100個アイデアを出す」と決める。そして、一つひとつの意見を承認。一切批判せず、ポジティブに可能性を検討する。どんな所に素晴らしいアイデアのネタが潜んでいるかわからないからだ。つまり「質は量に比例する」ということだ。

リクルートが長年やり続けている新規事業提案制度「Ring」(「RING」―「New RING」を変遷して)、サイバー・エージェントがやっていた「ジギョつく」(現在は「あした会議」に転換)など新規事業創出企業と言えるところは、数多い提案のその中から厳選したものを実施し、なお数多く失敗する中で大ヒットが生まれる、という「多産多死」モデルなのだ。

これを単純に図にすると下のようになる。

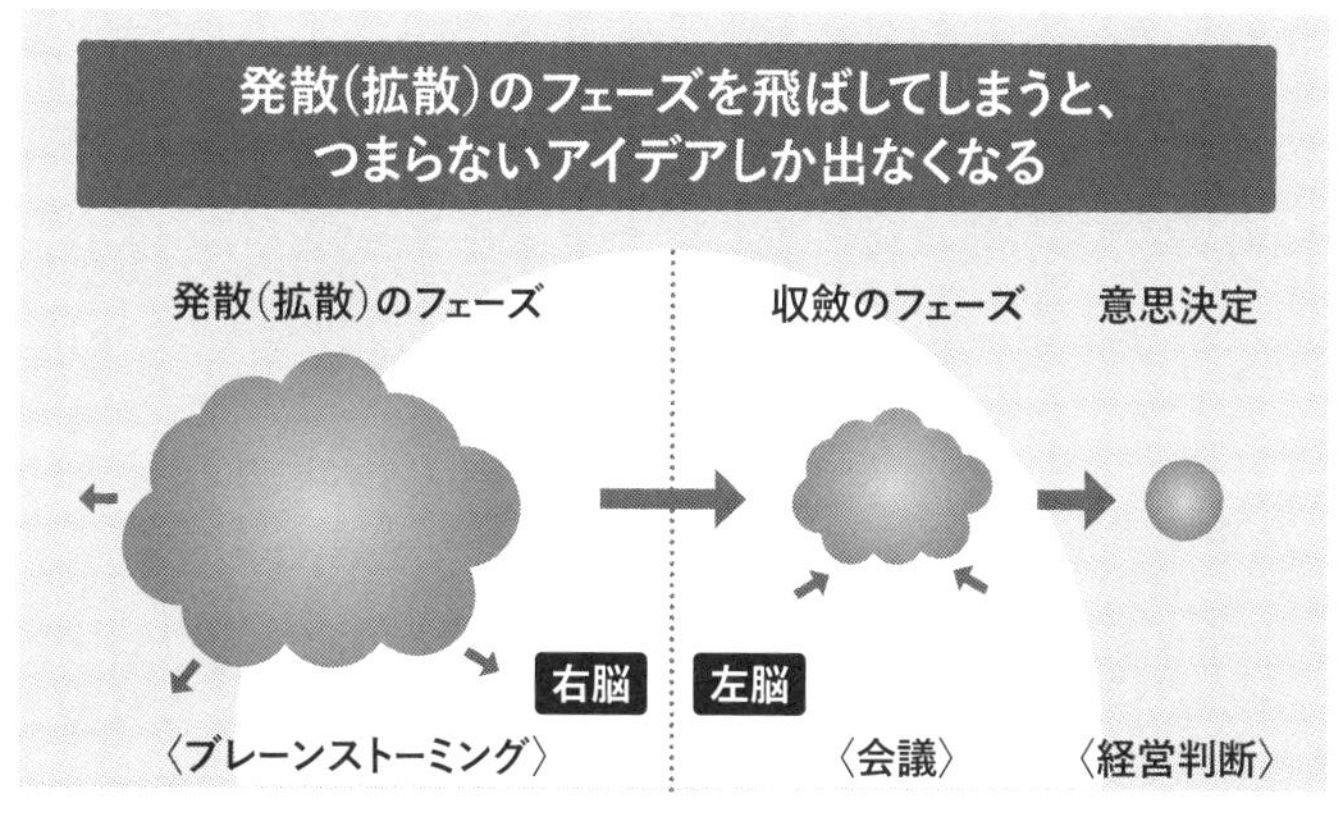

多くの組織の会議が、いきなり収斂（れん）のフェーズから入る。下手な意見を言おうものなら、すぐに経験豊富な上司から穴だらけだとさまざまな角度からダメ出しをされる。それがくり返されると、社員は、どうせ否定されるのだからと自分ごとと捉えられなくなり、求められる「正解」を出そうとする。メンバーは上司が受け入れそうな意見を「置きに行く」ようになるのだ。

だから、斬新なアイデアは出ないのだ。

リーダーとしていかにこの発散（拡散）のフェーズを意図的に設けるかが、カギとなる。

④ポジティブ・アプローチ

ポジティブ・アプローチは、ポジティブ心理学がベースとなっている。ポジティブ心理学は、うつ病と異常心理学に関する世界的権威で学習性無力感の研究でも有名な、コーネル大、ペンシルバニア大教授で、アメリカ心理学会の元会長のマーティン・セリグマンが創設した。

ポジティブ・アプローチは、ホールシステム・アプローチ（対話型組織開発）をとる。デカルト「我思う、ゆえに我あり」すなわち「真理、原理原則を明らかにすることこそが科学的手法」という客観主義、本質主義に対して、社会構成主義"Words create world"「言葉が世界を作る」をとるのが特徴だ。

プロセスにおける代表的な手法として、次のものがある。

①ＡＩ（Appreciative Inquiry）
②ＯＳＴ（Open Space Technology）

③World Café
④Future Search

その中で、おそらくもっとも良く用いられるのがＡＩ（Appreciative Inquiry）で、ケース・ウエスタン・リザーブ大教授デビッド・クーパーライダーが開発した。Appreciative Inquiryとは、問いや探求（インクワイアリー）により、個人の価値や強み、組織全体の真価を発見し認める（アプリシエイティブ）プロセスだ。

ところで、ポジティブというと眉をひそめる人がいる。そういうのは疲れる、自分はそういう性格ではないので、と。はい、個人的にはどういう性格でも構わないし、それを変える必要もない。実際、セリグマンは自著で、自身は非常にネガティブな性格であると吐露している。ただ、チームで、集団で、組織で何かをするときには必ずポジティブでないとうまくいかないのだ。

さて、このアプローチの対局はギャップ・アプローチだ。つまりあるべき姿と現在とのギャップを探して、いかにそれを埋めるかだ。Problem Solvingともいう。これは様々な分析ツールを駆使して行う、戦略コンサルタントが得意な分野でもある。

それに対して、ポジティブ・アプローチは、組織のあら探しをするのではなく、強み、価値をみんなで探す、それを活かしたらどこまで行けるのかを考えるのだ。そう、Strength Basedであり、そして、ビジョン・アプローチとも呼ぶのだ。

さて、楽しんで取り組めるのはどちらだろうか？

AI（Appreciative Inquiry）「組織の真価を肯定的な質問によって発見し、可能性を拡張させるプロセス」を具体的な手法として、クーパーライダーと一緒に発展させたのがダイアナ・ホイットニーだ。

次にホイットニーが説いたプロセスを示すが、非常に単純だ。

・まず、グループで何について話し合う

4Dサイクル

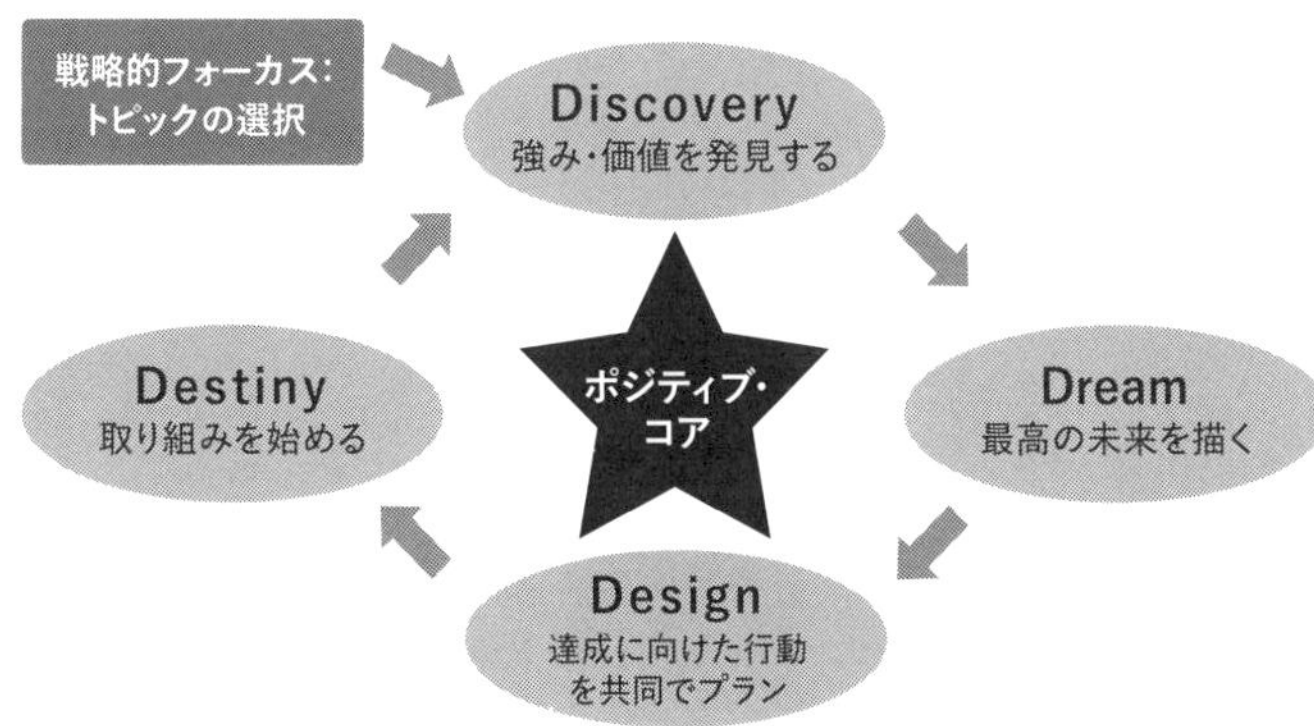

『The Power of Appreciative Inquiry』ダイアナ・ホイットニー、アマンダ・トロステンブルーム著／Berrett-Koehler Publishersより

かを決める

・次に自分たちの組織の強み・価値を発見する

それには、過去組織での最高の体験を持ち寄り、それを言語や形にするのだ。それを、ポジティブの源泉（ポジティブ・コア）と呼ぶ。

・次にポジティブ・コアを活かしたら一体どこまで行けるのか、自分たちの組織の最高の未来を描く。そして、それを通常、寸劇で各グループが披露する

・そのビジョンを実現するための具体的なアイデアを出す

ここでは、やはりブレーン・ストーミングの一つの手法である、ワールド・カフェや、オープン・スペース・テクノロジーを使う。いずれも、たとえ上司や経営トップが加わっていても、対等に話し合いをする場の設定だ。

・アイデアを絞り込む、優先順位をつけるなどしてアクションプランにする、あるいは話し合うのがビジョンの場合は「行動規範に落とし込む」などを行い、明日から実行できるようにする

さて、現実から目を背けたアプローチだと思うだろうか。確かに、中期事業計画などさまざまな観点からの検討には適していないかも知れない。しかし、ビジョンを作るとき、パーパスを再定義するとき、また実際にはトラブルシューティングにも使えるのだ。

たとえばＢＡ（英国航空）は、かつてチェックインした荷物の紛失が頻繁に起こり、顧客が離れ業績が悪化した。何度も関係者を集めて問題究明に当たったが原因は突き止められなかった。お互いに責任のなすりつけ合いになり、職場の雰囲気も悪化し、そこから抜け出せない悪循環に陥っていた。

経営陣も頭を抱えたが、当時の国連のアナン事務総長が各国からの参加者でポジティブ・アプローチを採用していることを知り、藁をもすがる思いで、自社でもやることにした。ファシリテーターが来て、集められた関係者に問うた。

ファシリテーター…「あなたが実現したいことは何ですか？」
参加者…「貨物の紛失を減らすこと、なくすことだ」
ファリシテーター…「そんなことが、あなたたちが目指すべきゴールなのですか?!」
参加者…「……」

そして、最終的にみんなで話し合って決めたゴールが「お客様に笑顔で空港を後にしてもらうこと」だった。それから、各部門、各人はそのゴールのために必要なアクションを決めて実行していった。すると、数カ月後にはあれほど何度話し合っても解決しなかった貨物紛失がほとんど出なくなり、そして再び顧客が戻って来たのだった。

私はこのポジティブ・アプローチのファシリテーションを過去100社以上で実施してきた。単なる研修の一環と位置づける場合には、直接的な効果が見える訳ではない。ただ、コングロマリットの大規模開発など社運をかけたビジョンは幹部社員や管理職まで巻き込んで、これを契機に計画まで進めた例もある。

また、小さな組織ではその効果がわかりやすい。

ある業務用ソフトウェア企業から依頼を受けた。25人ほどの企業で、個々人が自分の業務には向き合っていたが、対話型のコミュニケーションも乏しく、社としての一体感はなかった。そして、業績も赤字だった。

金曜日に仕事が終わってから、ホテルに集まってもらい、1日半の研修を行った。最初のうち1／3以上の社員は、そっぽを向いていたような状態だった。しかし、研修が進むにつれそれぞれの目は輝きだした。みんな、自身の仕事に自負を持っていたし、会社のプロダクトには強い愛着と思い入れがあったのだ。翌土曜日の夕方、行動規範にまとめる頃には、各グループからの発表も活発で熱気がみなぎっていた。

さて、この行動規範は、社長が集約、とりまとめて外部のデザイン会社に発注してポスター化し、会社のあちこちに貼った。そこからだ、普段の仕事をする際に、社員たちは

「いやこれは行動規範に合っていない」「これは行動規範に合っている」と、日常の仕事を進める上で、絶えず行動規範に照らし合わせるようになったのだ。

それから、2半期後には黒字化し、以来ずっと右肩上がりの成長を遂げ、現在はその研修をやったころの5倍ほどの売り上げを上げるようになっている。

もちろん全てが研修のおかげだというつもりはなく、経営陣や社員の頑張りによるところだが、少なくとも浮上の大きなきっかけになったと当時の社長も言っている。

⑤組織開発―成功循環モデル―

組織開発とは、まさに組織をつくるという一般名称でもあると同時にある固有の取り組みを指す。それは組織理論（Organization Design）や人材マネジメント（HRM＝Human Resource Management。HCM＝Human Capital Managementに急速に変容した）のような組織全体、集合体への働きかけでもなく、また組織行動（OB＝Organizational Behavior）のような個々の人材の認知、感情を扱い、個人への取り組みで動かすものでもない。

組織開発（OD＝Organization Development）は、組織内の人と人との関係性を高め、組織を活性化する取り組みのことを指す。実は、前項のポジティブアプローチも組織開発の一つの手法だ。

少々専門的だが、組織開発（OD）の成り立ちを下記しておく。

●グループ・ダイナミックス：

クルト・レヴィン（1945年 MITグループ・ダイナミクス研究所を創設）によって研究された集団力学のこと。集団において、人の行動や思考は、集団から影響を受け、また、集団に対しても影響を与えるというような集団特性のことを指す。社会心理学の一分野として、集団規範、集団目標の凝集力、集団の決定などの在り方が研究されている。

●グループ・プロセス：

グループ内で起こっている諸々の要素のこと。

グループ・プロセスの具体的な内容は、構成員の人間関係や態度、コミュニケーションの取り方や頻度、グループ内の意思決定の方法など非常に多岐にわたる。グループ・プロセスを詳細に分析することで、グループの傾向や問題点を明らかにすることができる。グループにおける問題点を解消できれば、それぞれの構成員が力を発揮しやすくなり、仕事の能率を向上させられる。

クルト・レヴィン曰く「何かを本当の意味で理解するためには、それを変えてみるほかないのだ」。

再び元ラグビー日本代表選手廣瀬俊朗に登場してもらいたい。2・0の上司と異なる

3・0リーダーシップを発揮した廣瀬氏だが、一方で示したのは組織開発のお手本でもあった。

廣瀬氏がキャプテンとして何よりも考えたのが、日本代表に選ばれることにもっと誇りを持ってもらう、ということだった。仲間を好きになり、チームに居心地のよさを持ってもらうことが何より大事と考えた。

代表選手が代表の経験をポジティブに語れば、憧れて目指す選手が増える、家族も含めてプラスの空気が周囲を包んでいくからだ。

そのためにやったことは、

●距離を近くする―心の距離が近ければ、その人が背負っているものを一緒に背負える

・お互いにニックネームをつけ、呼び合う

・みんなのよいところを積極的に探す

●場を設ける

・試合前日にみんなでスパイクを磨き合う

・国歌（君が代）を練習し皆で斉唱する、全員でさざれ石を見学に行って説明を受ける

●一人ひとりに居場所（リーダーとしての役割）を用意する。役割を与えたらあとは思い切り任せて、見守る

・ビッグブラザー（メンター制度）
・アタック、ディフェンス、ブレイクダウン、オフザフィールド（テーピングの片付け、部屋の使い方、ロッカールームなど）（『なんのために勝つのか。』廣瀬俊朗著／東洋館出版社　参考）

いろいろなところで指摘されたように、元々国籍、人種、肌の色、宗教、言語も異なる多国籍チームだ。「言わずもがな」は全く通用しない。だから、あの手この手で全員を巻き込み、ＯＮＥ ＴＥＡＭにすることが必要だと思ったのだ。

なぜそんなことが必要だと思って実行できたのか？ と本人に訊いたところ、初めて偉大な先輩の後を継いで東芝のキャプテンになったときにメンバーがバラバラで一体感はなく、そこで、いろいろな工夫をした時の経験が活きたと語っていた。さらにさかのぼると、高校時代、進学校である大阪府立北野高校という進学校に在籍しながらも小学生から活躍していたため、高校選抜メンバーに選ばれしかもキャプテンとなったが、まったくチームをまとめられなかった苦い経験があるのだと思う。だから、それからずっとさまざまなチームに関心を持ち、関連書籍を読み、学んできたからこそ成せたのではないかと筆者は考えている。

前述の通り、24年間で一勝しかしていないチームが、①「どうしたら結果が出るか」から入ると、②チームの欠点、個人のマイナス点を指摘することになる。③そうすると思考がマイナスになる。④従って行動も最低限やらなければならないことしかやらず、当然結果は出ない。これがスポーツに限らず、多くの企業が陥っている悪循環だ。

成功の循環には、とにかく①関係の質をよくすることに集中することだ。すると②思考が前向きになり、③自主自律的に行動するようになり、④結果につながるということだ。

たとえば、2023年のWBC（ワール

組織の成功循環モデル
（MIT組織学習センター協働創始者ダニエル・キム教授）

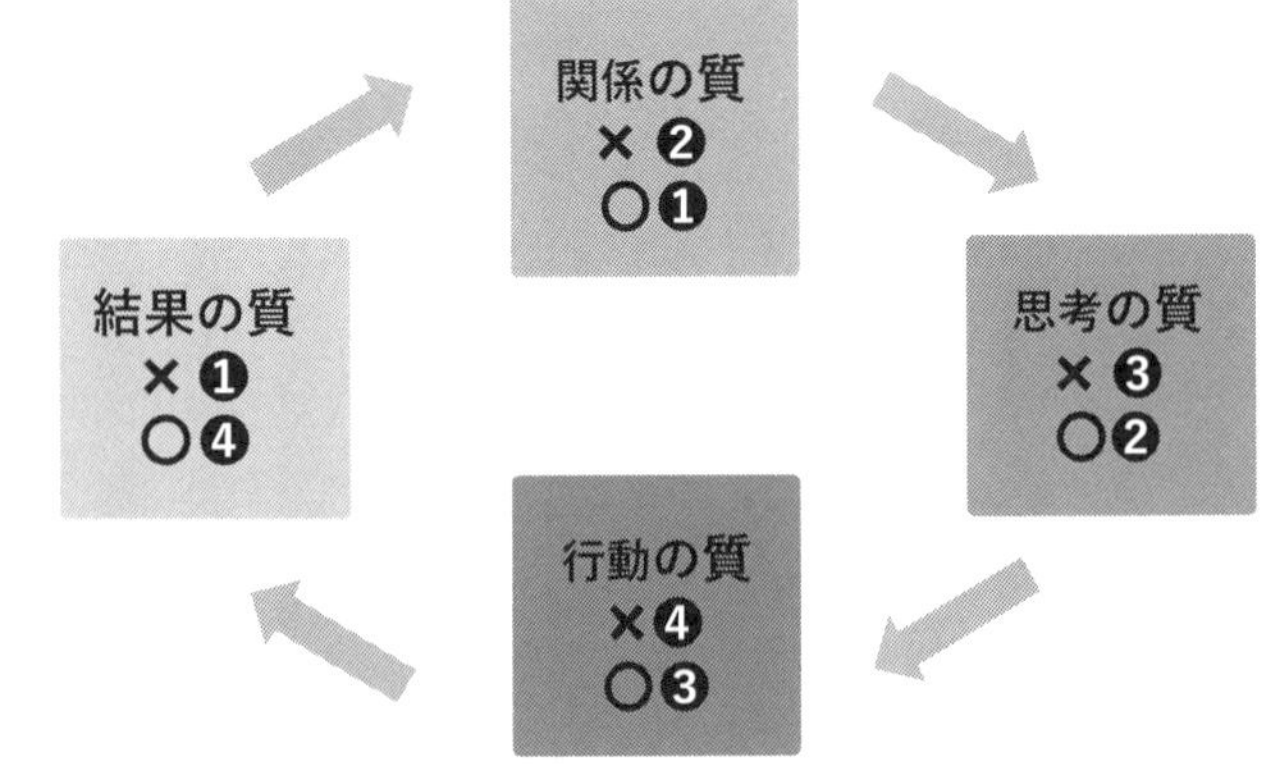

ド・ベースボール・クラシック）での話。

大会出場経験のあるベテランのダルビッシュ選手はキャンプの最初から参加し、自ら積極的に若手に話しかけた。

母が日本人ということでジャパンチームに招集されたヌートバー選手は不安だった。そこで、不安を気づかったみんなが「たっちゃん」Tシャツを着て迎えた。ヌートバーのペッパーミル（胡椒挽き）ポーズを見た大谷翔平選手が、チームと打ち解けるきっかけになればという思いでみんなにパフォーマンスをして欲しいと声をかけたこと、それらがチームに一体感をもたらした。

それもあって、米国戦前の「今日一日だけは彼らへの憧れを捨てて勝つことだけを考えていましょう」でメンバーの一体感は最高潮に達した。

自然にチームワークが醸成されたわけではない。キーマンが意図的に動き、リードした結果、成功循環モデルの正しい順番で好循環が生まれたことがわかるはずだ。

当然のことながら、選手を信じて任せた栗山英樹監督、そして同じく日本ハムファイターズ時代から大谷選手やダルビッシュ選手の育成をしたという背景のある白井一幸ヘッドコーチの存在、任せて見守る姿勢も含めて全てが見事に噛み合った。

⑥感情を動かす

自分の与える影響力を知ろうとしない人間はリーダーになれない。なぜならフォロワーを動かすことができないからだ。フォロワーそのものがいない、ともいえる。

管理職、経営者であっても、自分の言動のみならず表情、あり方がどう他の社員、メンバーに影響を与えるのか考えていない人が圧倒的に多いと感じる。一担当者ならまだましで、自分本位な態度をとっていたとしても単なる変わり者だと見なされるだけだ。しかし、それが役職者になるとその部下たちはたまったものではない。

朝から体調が悪いのか、前日飲み過ぎたのか顔色は悪く不機嫌そうな表情で、挨拶もろくにしない、目も見ない。そもそも猫背で立ち方も歩き方もだらしなく、話し方も何か話しているがまるで感情がこもっておらず、あるいは一方的な物言いで、人の話は聞き流すだけで誰も聞いていていない。相談や報告へ行っても、虫の居所が悪いのか些細なことに感情的になって噛みついてくる、あるいは指示がはっきりしない。これらは単なる例で全部が当てはまるような人はなかなかいないだろうが、こんな特徴が当てはまる人と一緒に仕事がしたいだろうか、ついて行きたいだろうか。

〝カリスマメイカー〟中西健太郎氏から、とても素晴らしい研修をしてもらったので共有したい。同氏は、多くの歌手や俳優、テレビ局アナウンサー、最近では企業の社長なども、指導している。顔を出していないが若者に超人気の歌手なども彼がサポートしている。なお、その研修内容は特許ではないので、どんどんこの手法を広めてくださいと本人から言われている。（ちなみに、『感情を動かす技術』中西健太郎著／アチーブメント出版もある）

テレビや舞台に立つ人たち、特に歌手や俳優は、登場時間が仮に15分なら、最初の1分半で視聴者や観衆の心を動かす必要がある。そしてお金をもらう以上最低でも「感動」させないとならない。そういう仕事だ。

一方、普通のビジネスパースンはそこまで求められているわけではない。しかし、プレゼンテーションを経てお客さんから発注してもらったり、経営幹部に企画のＧｏサインをもらったりするのも、人を動かすという点では同じはずだ。それにもかかわらず、多くのビジネスパーソンは準備もせず不用意に人前に出ていく。もちろんプレゼン資料は精緻に作り込んでいるはずだが、肝心のそれを語り、相手を説得する自分自身への準備がまったくできていない。

これは、以前本に書いたが、何十年も昔からたとえば米企業の経営者は新製品リリースや記者会見の場に臨む際に、専門のコーチをつけて何回も何回もリハーサルをして臨んでいるし、スタイリストをつけて最適の服装を選んでいる。それによって、どれだけインパクトを与えられるか、またそれが株価にも影響を与えることをよく知っているからだ。

テレビ時代初の大統領になったのが、ジョン・F・ケネディだった。政策の差ではなく、そのルックス、民衆に語りかける姿勢、声によって、若く経験も少ないこのスターが選ばれたのだとされている。同じように、オバマ元大統領も、初の黒人大統領として、その経歴だけでなく、ルックス、姿勢、"Yes, We Can"とわかり易いフレーズを熱を持って語る声で、人々を魅了したのだった。

また、スティーブ・ジョブズはプレゼンテーションの天才と言われた。彼の新製品リリースのプレゼンテーションは世界中から注目され、製品の卓越性だけでなく彼のプレゼンによって、アップルを時価総額世界一まで押し上げたという見方が一般的だ。しかし、彼が、プレゼンテーションのためにどれほど時間をかけていたかはあまり知られていない。そして、それほど大きな影響を与えることに日本では無関心な人が多いと感じる。

中西氏はこのように説明する。まず聴く人たちにどのような感情を持ってもらいたいかの「感情のゴール」を設定する。そして、彼らにどのような行動をとってもらいたいかの「行動のゴール」を設定する。そして、どうしたら、その感情を持ってもらい、行動につなげるかは、あなた（プレゼンテーションをする人）は何者なのかという「人柄」だということなのだ。

まず前提として、姿勢よく、声が通り、そして機嫌よく楽しそうである必要がある。これは、呼吸法や視線を気にすることで誰でもできることだ。そして、相手にやる気を持ってもらいたければ、まず自身がやる気に満ちて、機嫌よくいる必要がある、ということだ。

つまらなそうにやる漫才師、コント、歌手、俳優を見たいと果たして思うか？と。楽しくなさそうな上司。その下で働く部下の身にもなってみてほしい。

そして、相手に渡したい「人柄」を意識することで、感情から行動への導線を作るということだ。これに関しては、終章でも述べるが「仮面をとる」重要性を筆者はかねてより述べている。「その点と矛盾しないのか？」と中西氏に聞いてみた。もちろん、俳優は全く本人とは異なる役柄を演じている。しかし、もしそれを意図的に作っていたら、見る方は違和感、白々しさしか感じないという。彼らはプロで、そして多くのその演じる役の情報を得て、なりきる。それを役作りという。だから、我々の心を打ち、今度は映画を観たい、舞台を観たいという行動につながるわけだ。しかし、我々普通のビジネスパーソンは、そこまでなりきることは不可能だ。だとすると、自分が無理をせず、自分の長所を活かした、近いところの「人柄」を意識して表現することだ、という答えだった。

またクォンタムヴォイスアカデミーの稲井英人氏は、声解析システムを開発し、毎朝Clubhouseで無料で声診断とアドバイスをし続けている。オンライン講座などを通して声の指向性を色で確認することができ、どの要素をどう活かすと場面に応じた説得力のある声になるかをその変化とともにアドバイスしてくれる。筆者は、縁あって出演したラジオ番組でご一緒し、改めて、自分の声を知るきっかけになり大変有益だった。稲井氏は、自分の声の威力をもっと知るべきだと言う。

私は、講演や研修で一日中多くの人の前で喋ることを生業にしているので、声はとても大事だ。ただ、残念ながら加齢とともに声がれを起こし、耳鼻咽喉科に行ってマイクロスコープで見てもらったところ、声帯が細って締まりが悪くなっているという診断だった。どうしたらよいか医師に尋ねると、加齢だから諦めるように言われガッカリした。

しかし、稲井氏から発声、その前提となる呼吸法や姿勢を教わったところ、また声が復活したのだ。それは前述の中西氏からもまた同様に意識づけされ、むしろ若い頃より声が出るようになったように思う。余談だが、その結果はカラオケに行ったときに実感する。

⑦1on1コミュニケーション

コロナ禍によるリモートワークの増加とともに、1on1ミーティングを取り入れた会社も多いと思う。1on1はやっているけど、何を話せばいいかわからない、どう管理していいかわからない、という管理職の話をよく聞く。

『日本の人事部 人事白書2022』(HRビジョン)によると、1on1ミーティングの頻度は、1カ月に一度が約3割、2~5カ月に一度も2割弱で、6カ月に一度、それ以上を合わせると6割弱になる。

さて、果たしてそれで本来の1on1ミーティングの用をなすのか、だ。目標管理制度(MBO)の運用としては、半年に一度、一年に一度、目標を設定してその結果のフィードバックを行うというサイクルはそれなりに回っていた。

しかし、オンラインやオフラインを問わず、それでは1on1は機能しない。なぜなら1on1はリアルタイムフィードバックのツールであり、管理ではなく支援が目的であるからだ。何よりそれは仕事の仕方が変化したこと、そして若い世代からの要請であるということを知っておく必要がある。ポイントを次に記する。

・かつてのようにウォーターフォール型で仕事を与え、管理するというやり方が向かない仕事が増えてきて、アジャイル型になっている

・「管理」から「支援」へ

・「パーフォーマンスマネジメント」（成果）から「ピープルマネジメント」（人）へ

・「対話」によって相互理解を深める

・メンバーの成長とパフォーマンス向上を支援

・経験学習支援

・目標（プライオリティ）設定↓アクション↓結果（インパクト）↓振り返り（リフレクション）↓気付き↓新たな目標設定

・キャリア開発支援

・メンバー理解・相互理解

ミレニアル世代1981～1995年生まれが大多数を占めている組織が大半になっ

ている。そこにZ世代（1996年〜2010年頃生まれ）が毎年加わる。純粋な意味では、Z世代をデジタルネイティブとする見方もあるが、ミレニアル世代は高校時代から携帯があった世代であり、SNSやネット検索を学生時代から駆使しており、デジタルとの親和性が非常にあり、広く捉えると彼らもまたデジタルネイティブと言っていいと考える。**彼らの特徴はいろいろ言われるが、なんといってもリアルタイム・フィードバックが常識という点がそれまでの世代と異なると筆者は考える。**SNSで発信すれば「いいね」がもらえる、LINEなどの既読スルーは即人間関係を壊すことにつながる、そういう日常を送ってきた。

だから、何ヵ月も経ってから「君のあのときの行動はよかった、よくなかった」とフィードバックをされても、「はあ？」と、まったくピンと来ないのだ。

他にも、未来志向、個人起点、強み重視、コラボレーションという特徴を備えている。だから、上司は、短くてもいいから何か伝えるべき、心配だと思ったらできるだけ早くミーティングをするべきなのだ。そして、過去の失敗を責めるのではなく、これからどうすればよくなるのか、あなたはどうしたいのか、あなたの強みをどう活かせるのか、そしてどう他者と協業して仕事をしていくのかを話し合い、そのサポートを行うために1on1は非常に便利なツールなのだ。

ひとつキーワードを紹介したい。

パーソニゼーション（personization）だ。混同しやすいのが、パーソナライゼーション（personalization）で、こちらは個々人へ向けて最適化することだ。

パーソニゼーションは関係を双方が作っていくプロセスのことを言い、そのためには、次のことが必要だ。

・部下を一人の人間として見ること
・謙虚さ、が前提
・上司は、部下を下に見ず、協力や共同責任を強調し、部下の成功を上司が積極的に支援する
・「お互いに信頼し合って、いっそうよい仕事をするために、あなたについてもっと知りたい」と表現すること

—ただし、互いのプライベートを事細かに知る必要はない

—しかし、仕事の問題については、率直かつ正直に話せるようになる必要がある

（『謙虚なリーダーシップ』エドガー・H・シャイン著／英治出版　参考）

パワハラの認識が広がって、逆に腫れ物に触るように叱れない上司も問題になっている。

立場に関係なく、アサーション（言うべきことをきちんと伝えること）は人間関係を作る上で

も基本だ。

メンバーへの接し方を正しく意識することが必要だ。これは、今のジョブ制度への移行により、より必要となる考え方だ。

①まず、仕事をタスクで捉えること。
・その仕事をする人の全人格を他者と比較してはいけない
・そのタスクを行うためにはどのようなスキルが必要かを見る
・足りないもの、準備ができていない場合には、そのことについて厳しく指摘、指導を行う
・そして、現時点での能力の高低を問題にするのではなく、足りないものを認識してもらった上で、この一週間、一カ月、半年でどのスキルがどれくらい成長したかをきちんと見て、フィードバックを行う
②一方、そのタスクを行う人の気持ちはどうか、しっかりウォッチする。
・厳しい叱責はNG、コーチング（支援）を行う

難しいようだが、上司には当然求められることであり、部下から信頼される上司は普通にやっていることだ。

⑧繁栄チャネルを活性化させる

人間の性質については、観察研究と、脳と肉体のメカニズムを解明する方法論が可能になってきた。ジョン・P・コッターは『CHANGE』（ダイヤモンド社）で次のような説明をしている。

人間の本能に組み込まれている生存本能は非常に強い。太古の昔から草むらに潜む獣を察知するレーダーを持っているように、複雑な現代社会であっても、危機だと感じる状況に対して身構え自らの安全を守るような「生存チャネル」を持っている。この警戒状態が長く続くと、エネルギーが枯渇し、ストレスが高まっていく。そして、チャンスに気づいたり、冷静に創造的にものごとを考えたりする能力が低下する。

一方、機会に対して、備わっているレーダーシステムもあり、チャンスに遭遇すると脳内の交感神経系が活性化され、情熱や興奮が高まる。視野が狭まるのではなく、好奇心により視野は広がり、ポジティブな感情が高まる「繁栄チャンネル」を持っている。この状態では、コラボレーションに前向きになり、創造性とイノベーション的思考が活発になる。

チャンスに向けて突き進む方法を見つけようとする。

さて、ということは、危機感をあおり、上から指示命令をすると生存チャネルが活性化し、繁栄チャンネルが不活性化するのだ。

過去偉大なリーダーである、エイブラハム・リンカーン、ネルソン・マンデラ、松下幸之助など傑出したリーダーは、危機感をあおるのではなく、チャンスに対する切迫感を作り出し、それを多くの人とのコミュニケーションによって、チャンスを活かすための行動を取るべきだという方向に導いている。戦略と情熱を通じて、人々の理性と感情に働きかけ、常に前向きなエネルギーを発し続けるのだ。リーダーが人々

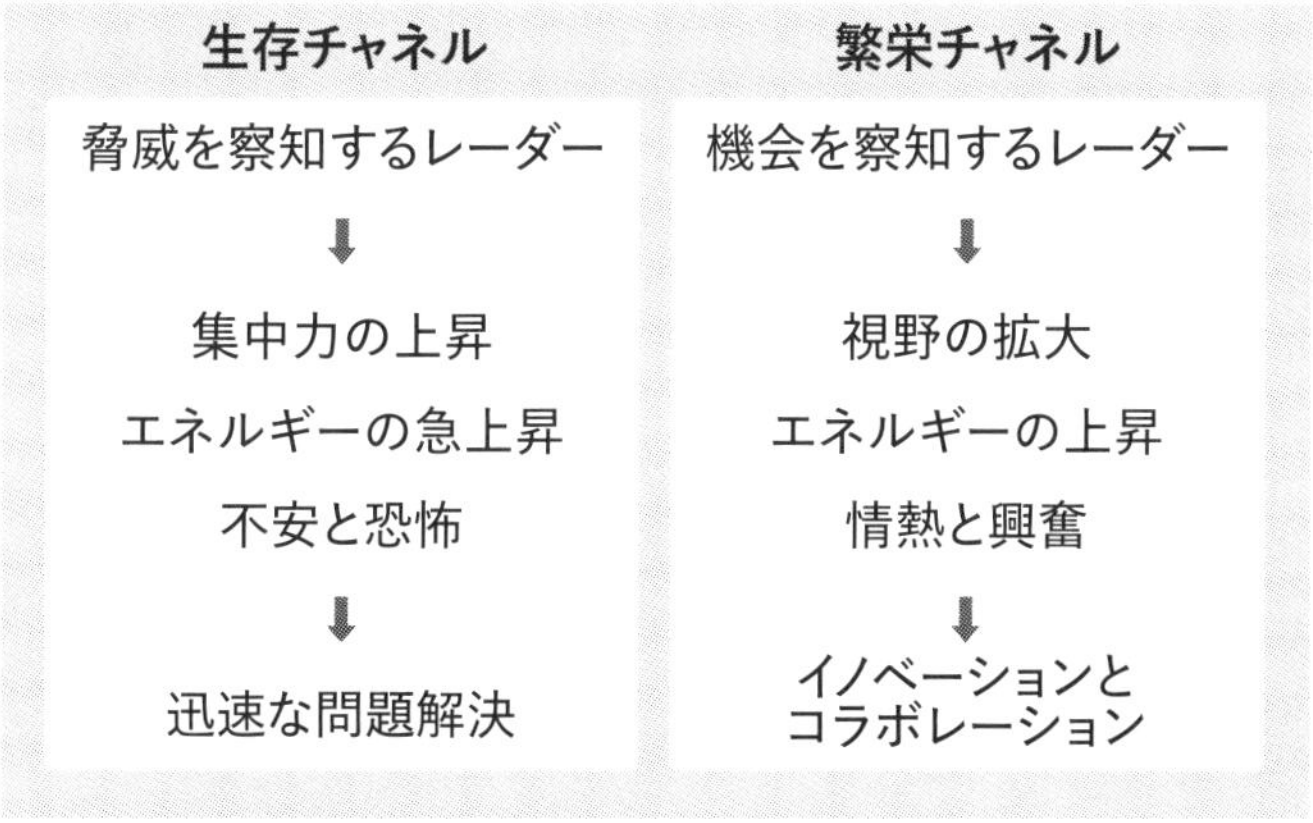

生存チャネル	繁栄チャネル
脅威を察知するレーダー	機会を察知するレーダー
⬇	⬇
集中力の上昇 エネルギーの急上昇 不安と恐怖	視野の拡大 エネルギーの上昇 情熱と興奮
⬇	⬇
迅速な問題解決	イノベーションとコラボレーション

の繁栄チャネルを活性化させるような行動を取ることにより、数々の障害を乗り越えて大きな成果を上げることを実現する。その結果としてカリスマ性があるリーダーと認識されるというような働きがあるようだ。

そもそも、第1章で述べたようにマネジメントは、効率化、標準化、安定性に資するものであり、リーダーシップは、イノベーション、動員、適応、変革に資するものだ。とすると、変化と複雑性が高まれば、リーダーシップの比重を増やすことが必然的に求められるということだ。

再び、WBCに言及すると、選手たちの危機管理と堅実な役割の実行というマネジメント、そしてそれを上回る高揚感、一体感による想像を超えるエネルギーレベルのベクトル合成によって歴史的な勝利を重ねていったのだと考えられる。

⑨フロー

別の表現をすると、ＷＢＣの日本代表チームはフローの状態だったということだ。

フローの概念を説明するのがクレアモント大学院大学の教授であったミハイ・チクセントミハイが説いたフロー理論だ。ロック・クライマー、チェス・プレーヤー、外科医などは困難に直面しているときに、楽しみによって動機づけられた活動により、ごく自然な流れに全人的に没頭しているということを発見した。フロー状態に入るための構成要素は、

- 明確な目標がある
- 迅速なフィードバックが得られる
- 挑戦と能力のバランスがとれている（易しすぎず、難しすぎない）
- 高度に集中している
- 時間を忘れる

・自分で制御している感覚がある
・やっていることに価値を見出せる

ということだ。

（以下　辻秀一『フロー・カンパニー』辻秀一著／ビジネス社と辻氏に実際に伺った話を参考）

一般には仕事は、「結果」を意識して行動するように仕向けがちだ（「結果」エントリーという）。たとえば、

・今期目標を達成しないと、去年よりボーナスが下がるぞ！／出世の見込みはないぞ！
・今期目標を達成すれば、去年よりボーナスが上がるぞ！／出世は間違いないぞ！

しかし、プレッシャーを与えてパフォーマンスを上げさせようとするのは、果たして効率がよいか？ 給料はストレスの対価として受け取るものなのか？

これでは、フローな状態にならない。

逆に、「心」を意識して、状況にかかわらず、どうしたら「機嫌よく」いられるか？（「心」エントリー）たとえば、

・厳しい状況の中でも楽しめる要素を探す
・自分の成長の糧を見つけ、課題克服までの道のりを目的化する

フロー状態に入るための3つの要素は次の通りだ。

・自己目的的な性質：結果、報奨を意識するのではなく、今やっていること自体に意義を見出し目的にしている
・自律性（autonomy）：人から強いられるのではなく、自ら進んでやりコントロールできていると感じられる
・鍛錬・修行（mastery）：キツくても、それが自分のためになっている、成長につながると思える

結果より、変化を見るポイントは次の通りだ。

・できないことより、できるようになったことを褒める
・部下のこの一週間の成長は？
・結果とは、変化の集積
・変化を生まなければ、結果にはつながらない

人を見るポイントは次の通りだ。

・「成長」…過去から現在までの変化
・「可能性」…現在から未来への変化

結果は刹那的であり、一瞬の喜びである。一瞬の喜びが過ぎれば次の瞬間にはもうストレスになる。麻薬のようなもの。本当に結果を出したければ過程（プロセス）をよくすること。

また、口にした言葉がそのまま自分に与える影響を認識する必要がある。これは、ＥＱの話でもある。

たとえば、朝は、「おはよう！」と元気に挨拶する。朝から「お疲れさま！」ではお互いにやる気を奪う。一日の終わりであっても、「ありがとう！」でいいはずだ。口にしてしまった瞬間、自分の心に大きな影響を与える。

たとえば、ネガティブな言葉「うざい、きもい、だるい、むかつく、死ね」を使ってフローになれるはずもない。「ありがたい、素晴らしい、素敵、感動、震える」を意識して使うことはできるはずだ。

すると「心」がフローになっている自分らしい生き方ができ、充実し、幸せ、生きがいを感じる。さすれば自ずと結果につながるのだ。

ホンダの創業者本田宗一郎氏は、こう言っていた。

「人間は好きなことをやるときに最も能力を発揮する。だから好きなことをやれ」

「チャレンジした結果の失敗、大いに結構」

そして、究極のフローの状態をゾーンという。何をやってもいいほうに転じ結果につながる。まさにＭＶＰを取ったＷＢＣの大谷翔平、そしてチームはゾーン状態だったといえるのだ。チームのメンバーに気持ちよく、機嫌よく仕事をしてもらった方が結果につながりやすいということがおわかりいただけるだろうか。

⑩EQ

EQ（Emotional Intelligence Quotient）、心の知能指数はずいぶんと市民権を得たと思う。筆者は1998年に独立した後、最初の仕事のひとつとして、当時EQジャパンという会社（現在はEQ Global Alliance）で、EQを計るテスト開発のコンサルティングをした。日本での使用許可を得るために、EQの開発者で当時イエール大学心理学部長のピーター・サロベイ（現在は学長）、ニュー・ハンプシャー大学教授のジョン・メイヤーらに、つてをたどって会いに行って交渉し、快諾してもらった。その頃には日本での認知度はまだ極めて低かった。

日本で認知度を高めたのは、ダニエル・ゴールマンの『EQこころの知能指数』（講談社）がベストセラーになったことがきっかけになった。

ゴールマンはこのように述べている。

・優れた経営幹部の場合、地位が高くなるほど、EQがリーダーシップの有効性の原因

になっていた

・ＩＱはリーダーシップの最低限の能力として重要なのであり、経営幹部への道の入り口に立つ時の必要条件

ＥＱはリーダーシップの必須条件であることもわかる。

・優れた幹部と平均的幹部のリーダーの能力を比較してみると、その差の90％近くは知的能力ではなく、ＥＱによるものだった

またそれに先駆けて、ハーバード大学教授であったデイビッド・マクレランドは食品飲料会社の経営幹部調査結果を紹介している。

・ＥＱが一定の水準に達している経営幹部が担当する事業部門の年間利益は目標を20％上回っていた

・ＥＱがクリティカル・マスに達していない経営幹部の事業部門は目標をほぼ20％下回っていた

ビジネスパーソンでは、米銀ウェルズ・ファーゴの会長であるリチャード・コバセビッチは、次のように語っている。

・IQが99パーセンタイル（上位1％）以上なら、リーダーシップと知性に逆の相関関係が生まれる

・類いまれな高いIQを持ったリーダーは、知的であることにこだわりすぎて、知的訓練が足りない人たちを受け入れない傾向がある

（『EQを超えて　SQリーダーシップ』ダニエル・ゴールマン、リチャード・E・ボヤツィス著／ダイヤモンド　ハーバード・ビジネス・ライブラリー　参考）

では、そのEQは伸ばすことができるのか？　答えはYesだ。

サロベイ、メイヤー、EQジャパンはこのようにEQを定義している。

①　EQは個人差はあれ、誰にでも備わっている能力で

②　無意識のうちにビジネスや人間関係に様々な影響を与えており

③　適切な訓練によって、その発揮能力を高めることができ

④その結果として、ビジネスシーンや対人関係などに、よりよい成果をもたらすことができる能力

ＥＱ開発トレーニングの例を挙げる。ＥＱは自分に向かうもの、他者に向かうものがあるので、そこから次のようなトレーニングを自分で行うことができる。

- 自分の感情を知る
- 「今の気分」を意識的に感じるようにする
- 気持ちを表す言葉をできるだけたくさん知る
- 今の気持ちを言葉で表す
- 明るい言葉を使う
- 意識してネガティブな言葉を使ってみる
- 思い切り楽しいことを思い出してみる
- 最近会った一番嫌なことを思い出してみる
- 一日一回人をサポートする
- 相手や周囲の感情を知る
- 人の表情の特性を知る

・鏡で自分の表情を観察する
・笑筋を鍛える
・相手の話を聞く
・話し方から相手の感情を読み取る

小和田友見EQトレーナーは、以前EQ開発研修をお願いした際にこのように言っていた。

「EQが高いということは、いつも自分がいい顔でいる、ということです」

そういうのは苦手、という人も多くいるのはわかっているが、まずは形から入ればいい。そうすると、意識→行動→習慣化→下意識と、最終的には特段意識しないでできるようになっていく。

・たとえ意志に反しても、敢えて、よい指向、よい表現、よい言葉を使い続ける
・「口に入れる食べ物で身体ができあがるように、耳に入れる言葉で心ができる」
・自分のために悪口、後ろ向きなことは言わない
・つねに「ありがとう！」と言う

これは、ある一流のスポーツ選手の発言だ。たとえば、テニスの4大大会の準優勝、優勝スピーチで、ロジャー・フェデラーが、ラファエル・ナダルらがどうだったか見たことはあるだろうか。準優勝者は今負けたばかりなのに、相手を讃え、そしてここまで来れたこと、コーチへの感謝を述べる。優勝者はさらに輪をかけたように、相手を讃え、コーチ、家族、スポンサー、ファンに対してこれでもかという、感謝を伝えるのだ。

彼らは偽善者ではない。そして、生まれながらにそういうことができる聖人君子でもない。卓越したセンスや技術はあっても、その他大勢のごく普通のスポーツ少年少女でしかない。その彼らが大人であるコーチに教わったのか、自ら気がついたのか、いずれにしてもそれを実行しそしてやがて高EQを自分のものにしていったのだ。だから一流になったし、一流であり続けたのだ。

すぐれたリーダーは社会脳SQ（Social Intelligence Quotient）が発達している。SQとは、社会性の知能指数=他者の能力を引き出す力で、EQの派生モデルのひとつ。

ミラー・ニューロンが発見され、以前は「鏡の法則」と言われていたものが、科学的に証明された。

リーダーの心の動きや振る舞いをきっかけに、フォロワーも同じような感情を抱き、同じような行動をとる。なぜなら人間は真似をする動物だからだ。上司が微笑み、笑うと部下はそれを感じ取り、つられるように笑顔を作る。よく笑い、おおらかな雰囲気作りができる上司の下では、この細胞が活性化され、チームの一体感は高まる。業績の高いリーダーが部下の笑いを引き出す回数は、平均的なリーダーの3倍だという。

（『EQを超えて SQリーダーシップ』ダニエル・ゴールマン、リチャード・E・ボヤツィス著／ダイヤモンド ハーバード・ビジネス・ライブラリー 参考）

前述した、長らく迷走していたソニーを見事に復活させた平井一夫元CEO（現シニアアドバイザー）が語っていた言葉が印象的だ。

「経営者はEQの塊でなければならない…当然ながらIQを使って結果を残しているからトップになっているわけです。今度はリーダーとしてEQを高め、社員との信頼関係を築き、困難に立ち向かうことが大切」

（DIAMONDハーバード・ビジネス・レビュー 2023年5月号 参考）

⑪与える（ギブ）、応援する（チア）

①与える（ギブ）

与える人こそ、幸せな成功者となる。これは精神論でも、宗教の教義でもなく、多くの研究を重ねた結論だ。最年少でペンシルベニア大ウオートン校教授になったアダム・グラントの『ＧＩＶＥ＆ＴＡＫＥ』（三笠書房）の結論だ。

我々は仕事でも日常生活でもとかく、ギブ・アンド・テイクで考えがちだ。それをＭａｔｃｈｅｒという。ＧｉｖｅとＴａｋｅのマッチングをする人という意味だ。しかし、それではたいした成功は見込めない。大成功するのはＧｉｖｅｒだけだ。

Ｔａｋｅｒ…真っ先に自分の利益を優先させる人
Ｍａｔｃｈｅｒ…損得のバランスを考える人
Ｇｉｖｅｒ…人に惜しみなく与える人

Ｇｉｖｅｒにとって恩恵とは「思いがけず来るもの」であり、事前に期待したり、損得勘定したりするものではない。もともと人間が持っている本性を正面から見据えて理解すれば、人間は自然とあるべきＧｉｖｅｒに戻っていく。注意点として、自己犠牲のＧｉｖｅｒは成功しない。これはボランティア活動をしている人にも散見される特徴だ。他者指向性を持つことが重要だ。また、ＧｉｖｅｒをＴａｋｅｒ＝ペテン師もいるので要注意。

たとえば、エンロン元ＣＥＯのケネス・レイ。アメリカ史上最大の収益の水増しにより損失を隠し投資家をだましていた。その他賄賂など6件の共同謀議と詐欺により有罪。彼は、エンロンが尊敬される会社であるべきで、そのためには誠実であることが大切だと言っていた。その一方で、エンロンの資産を私的な利益に使う権利があると思っていた。

②応援する（チア）

ハピネスプラネットをご存じだろうか。日立製作所のグループ会社で、世の中を幸せにする研究をしている。職場には縦のつながりだけでなく、横同士のつながりが必要であり、アプリによって横のコミュニケーション作りを行っている。

同社の矢野和男社長の話を伺って、ハッとさせられたことがある。今まで様々なスポーツのリーダーシップの例を述べてきたとおり、筆者はスポーツの例はわかりやすく組織のリーダーシップの参考になると考えている。矢野社長も同感であるということだったが、ひとつだけスポーツと職場が異なるのが、「応援する（チア）がないこと」だ。確かに、様々なスポーツでは、必ず応援があり、それが選手の力となる。それをハピネスプラネットではアプリで実現しているのだ。

また、元々ロボット研究者から転じて、「幸福学」を研究している、前野隆司慶応義塾大学大学院システムデザイン・マネジメント研究科教授は心の幸せのための因子を次の4つのように定めている。

- やってみよう…夢ややりたいことがあってワクワクしていること
- ありがとう…感謝し、利他的で仲間と多様な関係性がある
- なんとかなる…前向き、楽観的にチャレンジする
- ありのままに…他人と比べすぎず自分らしく

ありがとう、と声を掛けることは他者へのなによりの応援であり、また応援した自分も

気持ちがいいのだ。こういうことがプライベートだけでなく、職場でももちろん必要なのだ。与え（ギブ）、応援する（チア）ということは、相手に対する承認や称賛だ。

立命館大学スポーツ健康科学部の山浦一保教授は、次のことを統計的に証明している。

・褒められる↓自分を認めてくれている、相手を信頼する、相手に恩返しがしたいだからその相手に

・叱られる↓自らの非を認める

また、世界最大の調査会社ギャラップ社の大規模な調査（Harter, Schmidt, Kilham, 2003）の結論は、「承認や称賛は、所属部門の生産性、利益、安全性、顧客の忠誠心を高める」だった。

大田区のある工作機メーカーの社長は、若い社員のやる気がなくすぐに辞めてしまうことを嘆いていた。社員を認めて任せるということが必要だと知り、機械一台の製造を丸ごと個人に任せ、製品に制作者のネームプレートを貼って出荷するようにした。すると若い社員が意欲的に働くようになり、退職者が皆無になったのだ。ちなみに報酬は全く変えていない。

⑫組織の構造を知り、変える

この章の最後に、リーダーが組織を変革し、価値向上と目的を実現するために非常に興味深い視点を紹介したい。人ではなく組織構造に注目した考え方だ。

組織がパーパスやビジョンを掲げる理由は、現状とのギャップによって、クリエイティブ・テンション（創造的緊張）が生まれ、人々をそちらに前進させるからだ。試しに輪ゴムを用意して、両手で持ち右手で引っ張ってみてほしい。そうすると、その緊張構造を解消するために、左手は右手に引き寄せられるはずだ。これによって、組織は、パーパス、ビジョン、あるいは戦略、計画を実行するように動くのだ。

しかし、多くの組織でそのように単純にはいかない。それには、同時に2つの競合する目標を巡る2つの緊張解消システムが存在するからだ。

単純な例では、太りすぎた（緊張）という認識から、それを解消するためにダイエットを行う（解消）という行動がある。その一方で、お腹が空いた（緊張）という認識から、食べる（解消）というシステムが同時に存在する。これを、葛藤構造というのだ。だから、この葛藤構造がある限りは、どんなにダイエットという目標を掲げたところで、それは解消しない。揺り戻しがあるからだ。

・太った（緊張）　↓　ダイエット（解消）
・食べる（解消）　↑　空腹（緊張）

企業を例にすると、変革プログラムを掲げ（緊張）、その新しい取り組みをスタートする（解消）。一方、変革が進むと、従来のやり方から全く新しいやり方に変わって混乱が生じ、不安定感が増し、何のためにやっているのか、誰が責任を負っているのかわからなくなっていき、掲げた目標は非現実的なものと捉えるようになり、次第に社員は従来のやり方の継続性を望むようになり、それが支配的（緊張）となる。この緊張を（解消）するには従来のやり方に戻すということが必要なため、その葛藤状態によって、組織内に分裂が起こり、変革への推進力は弱まり、滞る。これが揺り戻しだ。

では、どうしたらゼロにはならなくとも組織の最小抵抗経路を進めるか。たとえば、短期と長期の葛藤構造がある。今期の収益の最大化と、中長期的な企業の目的、ビジョンに向けた活動だ。この点において、優れた企業はそれほどの葛藤構造になっていないという。

たとえば、ソニー、ナイキ、アップルなどの会社では、長期計画によって緊張構造が確立され、支配的な原則として機能しているためだ。上位目標と今のリアリティ、目標達成のための戦略が明確になっており、利害の対立は緊張構造の枠の中でもうまく処理されている。

(『偉大な組織の最小抵抗経路』ロバート・フリッツ著/Evolving 参考)

ポイントは、掲げたパーパスやビジョン、戦略や計画はそのように実現しない理由として、葛藤構造が生じている、ということを理解すること。そしてその対立する緊張構造は何なのか、それを見つけ、対応することがリーダーに求められているということだ。

終 章

「リーダーになる」とは

リーダーになろうとすること

リーダーになる。最終章の表題は、多くの経営者や学者たちに大きな影響を与えた南カリフォルニア大学教授ウォレン・ベニスの"On Becoming a Leader"邦題『リーダーになる』（海と月社）へのオマージュから、そうつけさせてもらった。

大学院で教えているリーダーシップ論で、学生からこういう質問があった。

「自分は責任を取りたくないのですが、それでもリーダーになれるでしょうか？」

私は即座に、「残念ながらなれない」と答えた。

「リーダーになること」の最低限、そして必須の条件は何だろう。

天性の資質、特性、スキルなどではなく、「リーダーになろうとすること」だ。そしてそれは責任を伴うことなのだから。きっかけは偶然でも他薦でもかまわない。たとえば、学生時代に学級委員、生徒会長、サークル長などを周りから推されてなったとしても、それを引き受けたということは、責任を自ら負う覚悟をしたということになる。別にリーダーになろうと思ったわけではないが、結果としてリーダーになったともいえる。

オーセンティック・リーダー

問い……あなたは人生のどんな局面でも、ありのままの自分でいられるか？

盛んに言われるようになった「オーセンティックである」とは、一人ひとりの人間がユニークであるように、リーダーシップにおいても人マネではない、自分ならではのスタイルを持つということだ。

オーセンティックであるためには、世の中がめまぐるしく変わっても、変わることなく自分を正しい方向に導くための基軸や、方向を指し示してくれるものを持つ必要があるということだ。それを、トゥルー・ノース、あるいはポラリス（北極星）と言う。

メドトロニックのＣＥＯとして在任中に時価総額を11億ドルから６００億ドルに増加させ、全米トップ経営者25人にも選ばれた後、ハーバード・ビジネス・スクール教授となったビル・ジョージは言う。

オーセンティックなリーダーは次の5つを部下に見せることでリーダーとして機能していく。

①自分の目標を明快に理解する
②自身のコア・バリューに忠実である
③情熱的に人をリードする
④人とリレーションシップを構築する
⑤自身の規律を守る

そして、典型的な10の行動規範は次のものである。

①自分を理解する
②本音で語る
③勇敢であること
④弱さを隠さない
⑤自分を信じる
⑥ネットワークを作る
⑦自分自身を尊重する

⑧恐怖から逃げない
⑨意味あることをなす
⑩学び続ける

(『True North リーダーたちの羅針盤』ビル・ジョージ著/生産性出版 参考)

どうだろう? ひょっとしたら精神論的に感じる人がいるかもしれないが、これらはハーバード・ビジネス・スクールのオーセンティック・リーダーシップ・プログラムという超人気講座で教えてきた内容だ。

戦略を駆使していかに相手を蹴落として勝って、利益を上げるか、そのために自身がどう指示していくかということを教えられてきた昔とは様変わりして、今は協調的なリーダーシップを強調しているところが、非常に感慨深い。これは卒業生たち、たとえば、第5章で述べたラジャット・グプタ、エンロン事件を引き起こしたジェフリー・スキリングなどの卒業生を生んでしまった以前の教育方針からの反省が込められているのだと筆者は理解している。

Work Life Integration(公私の統合をさせる)リーダーは、どの場所でも同じ自分でいられるなら、本当の意味で一貫性のある人生を自分なりに送っていると言える。本物のリーダーとして充実した人生を全うできる。それには、人生のあらゆる側面に心を開き、人生の流れに従う意思が求められる。こういう人生の豊かさを、人生の早い時期に探すことが大切だとビル・ジョージは強調する。

・苦難の道を歩んできた人間こそ、本物のリーダーになるために必要な価値観の基軸（トゥルー・ノース）を獲得できる可能性が高い。

・自分の人生の大切さを知るには、奉仕が一番。サーバント・リーダーになるということは、「わたし」から、「わたしたち」への旅に出るということ。

逆にそういう指向を持たない人間は、リーダーとして成功できないし、またたとえトップの地位に上り詰めても、早晩その地位を失うようになる危険性が高いということだ。第5章で述べたように将来を嘱望され、あるいは素晴らしい貢献をした人間が、権力、金、名声を得ると、身を持ち崩し、悪の道に走るというダース・ベイダー化のリスクを内包しているのだ。

ビル・ジョージが師匠と仰ぐウォレン・ベニスは、この章の冒頭に紹介した著書で、次のように述べている。

「時代を超越してリーダーに求められる資質は、常に人格を陶冶することであり、そして常に本物の自分であることです」

・自らを陶冶して成長してきた人間ほど、人の痛みがわかる
・思考と行動の両面において正直になり、原則から決して離れず、根本的な部分で健全かつ完全でなければならない
・信頼を生み、それを維持するリーダーには4つの要素が備わっている
①一貫性　②言行一致　③頼りがい　④誠実さ

第5章で紹介した、京セラ創業者である稲盛和夫氏の、「自利利他」「動機善なりや、私心なかりしか」と絶えず自問し、矜持（きょうじ）を持つことが組織のトップには問われているということとまったく同じだ。

仏教でいう利他は、滋養に富む心の資質で、他者の幸運によって自らに湧く喜びを言うが、最新の社会心理学の研究では、自己中心性を抑え、より寛大であることは、本人の幸福感と満足感の源泉だと言われる。

（『Compassion』ジョアン・ハリファックス著／英治出版　参考）

今ここにいる、自分自身である

さて、前項のオーセンティックリーダーであることは、望ましいとは思うが、そのためにはどうしたらいいのか？　それを考えていきたい。

前述した『True North リーダーたちの羅針盤』の日本語訳の文中にも出てくるし、新聞でもネットでも、専門家でもそうでない人も、社会人でも学生でも、年配でも若者でも、とにかくよく使われる「自分らしい」という言葉。このふわっとした言葉に、実に多くの人が惑わされていると感じる。

「あなたの自分らしさを説明して下さい」と聞かれたら、あなたは明確に答えられるだろうか。

答えられたとして、本当にそれがあなたそのものを表しているだろうか。過去も今も、そして未来にも、それは当てはまるだろうか。

むしろ、「らしさ」は他人から語られるものかもしれないと考える。あなたの友人や同僚が、普段は外向的で明るい人が、その日はなんだか元気がなく後ろ向きな様子で、思わず声を掛ける。「どうしたの？ 今日は何だかあなたらしくないね」というような場合だ。一方、その本人はいつも努めて明るく前向きに振る舞っているが、実は家に帰ると自分の中に入り込み内省しているかもしれない。その家に帰った姿が、その人の自分らしさかもしれない。

また、人は様々な経験をし、成長、成熟していくうちに、その人の指向や価値観も変わっていくことが知られている。これはＭＢＴＩ®（Myers-Briggs Type Indicator®）や価値観のワークを研修でやってもらうと誰もが自覚することだ。

だとすると、今の「自分らしさ」など実態のない、あまり意味をなさないものではないだろうか。逆に、自分らしさにこだわり、職を短期間に転々と変わっていく（念のため言うと、それ自体が悪いということではない）、あるいはなかなか定職に就けない（これも意図的に定職に就かない選択をしている人を否定するものではない）、青い鳥症候群の人も生んでしまう原因なのではないだろうか。

それよりも、今ここにいること、常にそのままの自分自身でいることが重要ではないか。そのほうが、「オーセンティック」という意味を表していると考える。

●リーダーになるためには自分自身にならなければならない

authenticは、自分の人生におけるauthor（作者）になること。この2つはどちらも同じギリシャ語に由来するそうだ。もちろん、そう簡単なことではない。

・自分が生まれながらに持っているエネルギーや願望を発見し、それに沿って行動するための自分らしい方法を見つけだすこと。

・自分自身になる方法を教えてくれる人はいない。内なる声に従うこと、それは、思考（大脳新皮質）ではなく、直感（古い脳である大脳辺縁系）で、何が正しいのか、何をすべきかを見ようとすること。

●今ここにいること

Googleから始まった、社内でのマインドフルネスという座禅・瞑想は、いまやゼネラル・ミルズ、エトナ（米国の総合医療保険会社）、ブラックロック（世界有数の資産運用会社）、ゴールドマン・サックスなどでも行われている。

自分をさらけ出す、自己開放にいいワークをひとつご紹介しよう。「おどるポンポコリン」、Ｗｉｎｋの「淋しい熱帯魚」、「慎吾ママのおはロック」、新垣結衣さんのポッキー

ＣＭなど、大ヒットを連発し、生涯で１３００本以上もの振り付けをしてきた、カリスマ振付家である香瑠鼓（かおるこ）（五十嵐薫子）氏。

彼女の振り付けで特徴的なのは、本人の内にあるものを引き出すという手法だ。振り付けを覚えさせ、形にはめるのではない。だから、その人の魅力が引き出され、それが見る人の心に訴えるのだ。

人の力を引き出すことをワークとして行えるのが、香瑠鼓氏が、自然界からインスパイアされて創出したメソッド、ネイチャーバイブレーションだ（https://kaoruco.teachable.com/p/basic）。

詳しく述べる紙幅はないが、ひと言でいうと自己開放。仕事や日常生活で偏重している左脳、あるいは大脳皮質を休ませ、右脳や大脳辺縁系もフルに使って感じること、音楽とシンクロすることで本来の自分を体感できる、というものだ。

筆者も何度もそのワークで開放され、新しい自分を発見させてもらっている。

企業においても極めて有効であると考え、ある企業で技術部門のトップである役員からの依頼で次世代リーダー育成プログラムを行った際にこのワークを取り入れることにした。

研修や外部アセスメントを通じて人材のリーダーシップを開発すると同時に、次の部門長を担う人材を見極め評価するという、もう一つの目的があった。全受講生、そして依頼主の技術部門トップも参加して、半日ネイチャーバイブレーションを体験した。最後に音楽に合わせて自らのイマジネーションで身体を動かすのだが、それが各人の個性、特徴を明確に表す。

外部アセスメントも使い、私もひとり一人と面談を行ったが、その結果と、香瑠鼓氏が半日ワークを行って見立てたそれぞれの人物像の感想とが一致していたことに驚いた。

ちなみに、最後の自らを表現するワークで、誰が見てももっとも自己開放され、器が大きく魅力的だったのは依頼者の技術部門トップ自身だった。

弱みをさらけ出す

当たり前なのに、指摘されてこなかったこと…… その人の「人間味」は、その人の人となり、生身のその人そのものがさらけ出されない限り、周囲にはわからない（わかりようがない）のだ。

後発の米国内航空会社や、大手が経営破綻（連邦破産法11条申請）するのを尻目に、長年にわたり黒字を重ね、年間輸送人員数世界一になったサウスウエスト航空は、次のように明言している。

「サウスウエスト航空が従業員に求めるのは、ありのままの自分でいることだ。自分をさらけ出せない人は歓迎されない。本来の自分を偽るような従業員は、毎日の生活でかなりのストレスをため込むはずだ。そしてそのストレスは、サービスを提供する乗客や一緒に働く同僚に向けられることになる。（『破天荒』ケビン・フライバーグ、ジャッキー・フライバーグ著／日経BP　参考）

イーストマン・ケミカル社のマーク・コスタCEOは、ハーバード・ビジネス・スクールの講演（2018年4月18日）で次のように語った。

・「リーダーは進んで自分をさらけ出し、自分の過ちについて率直に話さなければならない。そうすれば社員も安心して自分の過ちを話すようになる」

・「もし、自分はすべての答えを知っていると思うなら、辞職しなければならない。きっと道を誤るからだ」

ロンドン・ビジネス・スクール・名誉教授ロブ・ゴーフィーとコンサルタントのガレス・ジョーンズは、大規模な調査の結果、部下をやる気にさせるリーダーの特徴をまとめている。

①自らの弱点を認める
②直感を信じる
③タフ・エンパシー（厳しい思いやり）を実践する
④他人との違いを隠さない

（『共感のリーダーシップ』ダイヤモンド ハーバード・ビジネス・ライブラリー 2001年3月号　参考）

真の意味で部下を触発するリーダーになるためには、4つの要素すべてと相互作用を生んでいることが必要だ。

このリーダーの特徴から想起するのは、「項羽と劉邦」だ。小説、漫画、ドラマにもなっているので知っている人も多いだろう。勇猛果敢で人々から恐れられた項羽と、無学でなんの取り柄もないが人を放っておけず、接する者誰もが懐に引き込まれてしまう不思議な人柄をもつ劉邦。人々に推戴され大陸を統一し漢帝国を興したのは後者だった。

また、日本では徳川家康を思い浮かべる。幼少時代は人質として過ごし、短気で豪腕な織田信長に翻弄され、人心掌握術に長け底辺から這い上がった豊臣秀吉にあしらわれ、自分より格下と見下す武田信玄からは怒りをもって圧力を掛けられ続け、群雄割拠の時代を生きた。世を治めたのは、少々乱暴なまとめであることは承知のうえで述べると、結局は拙速で失敗も多く頼りなく、一方で部下から慕われた家康だった。そのリーダーシップは、その後260年以上も続く江戸幕府体制を整えたことで歴史が証明している。

前述した"Authentic Leadership Development"プログラムで、ビル・ジョージはこう言っている。

「己を知るにはまず周囲に自分をさらけ出すといい。リーダーになっていくプロセスは、何かを身につけていくのではなく、『玉ねぎの皮を剝いていく』というようにたとえられる。将来のリーダーが取り組むべき課題は、自分自身であること。あなた自身になりなさい。ただし、これまでより多くのスキルを身につけたあなたに」。

●What＜How＜Who

何を言うか（What）は重要だ。しかしそれよりも、どう言うか（How）のほうが重要だ。人はカチンとくるとき、「それを言われるのは仕方ないにせよ、言い方ってあるだろう」と思うのだ。

さらには、誰が言うか（Who）は、もっと大きな影響を与える。同じ内容を言うのでも、経験のない新人が明らかに聞きかじりのことを言うのと、様々な経験を経て自らの言葉でベテランが語るのでは、まったく異なる説得力を持つのと同じだ。

また、パワハラやセクハラなどが問題になるのも、誰が言ったｏｒやったのかで、問題となるｏｒならないが明確に線を引かれることを、企業で人事をやっていたときに痛感した。

この項の最後にアップルＣＥＯのティム・クックのことを紹介しよう。

●狭い場所から外へ出る。２０１４年自らの性的指向を公表

「これまで一切否定もしなかったけれど、公に認めたこともありませんでした。だから、はっきりさせておこうと思います。私はゲイを誇りにしています。ゲイは、神が授けてくれた様々なギフトのひとつだと思っています。ゲイでいるおかげで、マイノリティでいる意味を一層深く理解でき、心の窓を開いている他のマイノリティ・グループの人たちが日々直面している問題を垣間見ることができるようになりました。人の気持ちが一層わかるようになり、人生が一段と豊かになりました。性的指向だけで自分を決めつけられない。私はエンジニアでおじさん、自然が好きでフィットネス・マニアです。南部出身でスポーツ大好き。そして、他にもたくさんの私がいます」

クックは自分の性的指向を受け入れただけでなく、自分そのものも受け入れたのだ。

インテグリティ（誠実さ）、謙虚

①インテグリティ（誠実さ）

インテグリティは、GEの元CEOジャック・ウェルチが、GE Valueの冒頭に、そのあとのすべてにかかるように、何よりも重要な概念であると定めたことが契機となり、多くの企業で使われるようになった。首尾一貫、裏表のない、本音と建前を使い分けない、ということにつながる。

ウォレン・ベニスはリーダーと誠実さについて次のように述べている。

- リーダーは自分の誠実さをくり返し示さなければならない
- 多くのリーダーが自分の言動は注視され、説明責任を問われる立場にあることを忘れている
- 誠実さは3つのものから成り立っている

①自分を知ること／②率直であること／③成熟していること

・古代ギリシャ中部にあるデルポイ（デルフォイ）の神託所には「汝自身を知れ」と記されている。現代においても、これほど困難な仕事はない
・一方で自分の強さや弱さ、自分は何をしたいのか、なぜそれをしたいのかを理解しない限り、自分を本当の意味で理解できない

②謙虚

マサチューセッツ工科大学スローン経営学大学院の教授であったエドガー・H・シャインは、「今ここで必要な謙虚さ」についてこう述べている。

・自信と謙虚さは反意語ではない
・自分は全ての答えを持っているわけではなく未来を見通すことはできない、と素直に認めること
・リーダーが謙虚さを示すと、学習行動に対するチームの積極性が増すことが明らかになっている

（『問いかける技術』エドガー・H・シャイン著／英治出版　参考）

危機に瀕していた米ゼロックスを立て直したアン・マルケイヒー会長兼CEOは、「自分は〝わからない人〟の達人」として社員によく知られているそうだ。

・何かを尋ねられたときに、よく知りもしないまま意見を言うのではなく「わからない」と答えることがとても多かった

・ハーバード・ビジネス・スクールのアドバンスト・マネジメント・プログラムでのエグゼクティブ向け講義で次のように話した。「積極的に自分の弱さを見せ、欠点を認めることが、とてつもなく大きな財産になる。知らないと認めると、信用を失うどころか、逆に信頼を得ることになる」

・これにより、ゼロックスの社員は高みをめざし、専門知識を提供し、会社を業績回復へのプロセスに乗せられるようになった。

ソクラテスは「無知の知」を語った。自分に知識がないことを自覚するということだ。自分に知識がないことに気づいている者は、それに気づかない者よりも賢いということ。また、アインシュタインは「我々が作りあげた世界は、その時点までの思考の産物だ。この世界が生み出す問題は、この問題を生み出したレベルの思考では解決できない」と

言っている。

謙虚でなければ問題解決も、変革もできないということを知る必要がある。

また、日本にも「実るほど頭を垂れる稲穂かな」という言葉がある。人間も偉くなればなるほど、謙虚な姿勢で人と接することが大切だということ。偉くなる（地位が高くなる、あるいは有名になる）と、周りがへつらう確率も高くなる。それをきちんと意識しないと勘違いをしてしまうのだ。

また、会社も成長、発展すればするほど、周囲の目は厳しくなるため、会社としての態度、社員の態度は丁重にならなければいけないということだ。

おわりに

リーダーシップとは人と人とが織りなす業

「リーダーとはフォロワーとの相互作用で生まれる」（クルト・レヴィン）

「リーダーシップとは、その人自身でもなければ、自然に生まれるリーダーとして望ましい性質でもなく、その人と潜在的なフォロワーとの間で生まれる関係性」（エドガー・H・シャイン）

さまざまなＡＩツールも急速に登場し、仕事へも導入されるようになった。リーダーのように行動せず、他律・他責で与えられた仕事をただこなしていると、いつのまにかＡＩに使われるようになる日も近い。上司の指示に従っていても、上司はＡＩの指示に従って動いているかもしれないからだ。

自ら常にＷｈｙを問い、Ｗｈａｔを考える、というリーダーシップの機能を、Ｈｏｗが課題であるマネジメントと並行させることが必須だ。

さらに、人にはAIには備わっていない、直感、ひらめき、あるいは天啓を感じる力もある。これはロジックや経験学習からは決して出てこない。

パウロ・コエーリョの小説『アルケミスト』では、「本当に何かを望んだとき、宇宙の全てが協力して、夢の実現を助けてくれる」という一節が出てくるが、偉大なリーダーとして活躍した人には少なからずそのような感覚があるはずだ。

筆者は、スティーブ・ジョブズがｉＰｏｄ、ｉＰｈｏｎｅを世に出したときには、それに近い感覚を持っていたと思っている。さまざまな音楽レーベルの参加を取りつけ、新しい生態系を生み出し、バラバラだった電話、カメラ、ビデオカメラ、音楽再生プレーヤー、ボイスレコーダー、ＰＣ、映画館などを小さなひとつのガジェットに入れ込んで人々の生活を一変させたのだから。

それは、自身のためにではなく、何かもっと偉大なる大きなもの＝Something Greatのために行おうとするときに訪れるものなのかもしれない。

第6章の「フロー」の項目で紹介したクレアモント大学院大学の教授ミハイ・チクセントミハイはこのように言う。

「成功するためには、ベストを尽くすことを楽しいと感じると同時に、何か自身を超えたことに役立っていなければならない」

人はロジックではなく感情で動く

人は頭では理解していても、感情が揺さぶられなければ動かないのだ。これは、第6章の「感情を動かす」のところでもお伝えした。

そもそも、フォロワーがついてこないと、どんなにいい絵を描いても、そこにリーダーシップは存在しない。組織の先頭に立って陣頭指揮をとっているつもりでも、振り返ったときには誰もいないかもしれないのだ。

人を「動機づけさせる」ことはできない。動機はそれぞれ個々人が持つものであり、使役動詞は使えないのだ。できるのは、動機を高めるように影響を与えることだけだ。

逆に役職者が「影響を与えない」ことはできない。問題は、それはプラスかマイナスかだ。あなたはどちらの影響を与えたいだろうか?

リーダーは、次のことが求められる。

- いかに、人材にプラスの影響を与えるか
- いかに、人材の動機に働きかける（動機づける）か、環境を与えるか
- いかに、人材との間に信頼関係を醸成できるか
- いかに、リーダー自身が魅力的であるか

これらを継続的に練習し、高めることが必要だ。自分をそのまま出して、自然体で無駄な力が入らないレベルに達するまでの長い旅路なのだ。

人についてきてもらうには、自分を磨く必要がある。「この人についていきたい」「この人を尊敬している」「この人は放っておけない」「この人の成果が上がるようサポートしたい」。人を動かすにはいろいろな理由があっていいのだ。

経営学者ピーター・ドラッカーは、いずれにしても必要なものは「信頼」だと説く。

- 信頼がない限り従うものはいない。そもそも、リーダーにとって唯一の定義が、付き従う者がいるということである。
- 信頼するということは、リーダーを好きになるということではない。
- つねに同意できるということでもない。
- リーダーの言うことが真意であると確信を持てること。
- それは、「真摯さ」という誠に古くさいものに対する確信である。

日本語訳では、「真摯さ」のひと言にまとめられているが、原文ではintegrity（＝誠実、高潔)、character（＝人格、品格、character of integrity）と使い分けられている。

経営コンサルタントの中でもグルと言われ『エクセレント・カンパニー』（英治出版）の共著者でもあるトム・ピーターズも、「リーダーシップという複雑な概念をひと言で表すことなどできないが、もし、どうしてもと言われたら、それは信頼」と言っている。

大人になっても続く人間の発達の問題

よく言われるように、リーダーになっていくには、修羅場、土壇場、正念場を乗り超えた経験が必要だ。先に紹介したソニーを復活させた平井一夫元CEOだけでなく、多くの企業を変革し業績を拡大させている企業のトップが、本社生え抜きではなく、関連会社からプロパーで入社していたり、出向ではなく転籍したり、いったん辞めて出戻ってきたり、という傾向が強いのはそれを証明しているのではないか。だから、企業も関連会社への出向ではなく、資本関係のない国内外の企業への修行に出すというプログラムを取り入れるところが増えてきたのだ。

エグゼクティブを対象とするSNAコーチング協会では、IQ、EQに加えて、イメージとビージャ（種子）を高めるコーチングを行っている。
「自分が何者であるか」を追求する、「自分の心からの夢や欲求」を思索する、「人生で果たすべき使命」を発見する。組織同様に、目的、使命感を持っていないと、人がついてこないからだ。何のために生まれ、なぜここにいて、何をなすべきか、ということを自ら意識、言語化し語れることが重要だ。これが人間力、人間性、精神性へとつながっていく。

筆者の経験では、ＩＱ、ＥＱだけでも40代前半くらいまではやっていけるが、それ以降になってもこれだけの人は薄っぺらい印象をどうしても与えてしまい、人はついていかないと感じる。

人間成長には二軸がある。多くの人が意識して取り組んでいるのが、水平方向のそれだ。水平方向は、知識やスキルの獲得で、ＰＣやスマホにたとえると、アプリの追加ということになる。これはもちろん必要だが、とかくこちらにばかり焦点が当たっている。リーダーに必要なのは、垂直方向の成長で、心の成長、器、認識の成長、枠組みの変容だ。こちらはＯＳのアップグレードといえる。

最後に再び、ウォレン・ベニス『リーダーになる』（海と月社）から引用したい。

・リーダーは他者から学ぶが、他者によってつくられることはない。
・リーダーを育てることは、科学より芸術の域に近い。
・リーダーシップは芸術と同じで、毎回一から作り直さなければならない。
・「一貫性」「言行一致」「頼りがい」「誠実さ」、これら人を味方につけるリーダーに必要な要素を教わることはできない。自ら学んで身につけるしかない。

いかがだっただろうか。本物のリーダーになるのはなかなか大変そうだが、まずはリーダーのように動いてみてはどうだろうか。

偉大なるリーダーも最初はみなそうだったはずだ。

マハトマ・ガンジーは若い頃、ロンドンにいてどうやって顧客を捕まえるかに腐心していた、しがない弁護士だった。

キング牧師は若い頃、バスのボイコット運動を呼びかけた際に、本当にみなが従ってくれるか不安で、奥さんと朝こっそり様子を見に行っていた地位の低い一介の牧師だった。

紹介してきたビジネスのリーダーも最初からリーダーだったわけでは決してないのだ。

まずは、自律＝自分自身に対してリーダーシップを発揮して、リーダーのように働いて見ることをみなさん一人ひとりにお勧めしたい。

[著者略歴]

小杉俊哉(こすぎ・としや)

合同会社THS経営組織研究所 代表社員
慶應義塾大学SFC研究所 上席所員
慶應義塾大学大学院理工学研究科 非常勤講師
ビジネス・ブレークスルー大学大学院 経営学研究科 客員教授
早稲田大学法学部卒業後、NEC入社。マサチューセッツ工科大学(MIT)スローン経営大学大学院修士課程修了。マッキンゼー・アンド・カンパニー、ユニデン人事総務部長、アップルコンピュータ(現アップル)人事総務本部長を経て独立。慶應義塾大学大学院政策・メディア研究科准教授、立命館大学大学院テクノロジー・マネジメント研究科客員教授、慶應義塾大学大学院理工学研究科特任教授を歴任。ふくおかフィナンシャルグループ・福岡銀行、ニッコーなどの社外取締役・社外監査役を兼任。
著書に、『リーダーシップ3.0』(祥伝社)、『起業家のように企業で働く』、『職業としてのプロ経営者』(以上クロスメディア・パブリッシング)、など多数。
Voicy 小杉俊哉の「キャリア自律のすゝめ」配信中。

リーダーのように組織(そしき)で働(はたら)く

2023年7月21日　初版発行

著者　小杉俊哉

発行者　小早川幸一郎

発行　株式会社クロスメディア・パブリッシング
〒151-0051 東京都渋谷区千駄ヶ谷4-20-3 東栄神宮外苑ビル
https://www.cm-publishing.co.jp
◎本の内容に関するお問い合わせ先:TEL(03)5413-3140/FAX(03)5413-3141

発売　株式会社インプレス
〒101-0051 東京都千代田区神田神保町一丁目105番地
◎乱丁本・落丁本などのお問い合わせ先:FAX(03)6837-5023
service@impress.co.jp
※古書店で購入されたものについてはお取り替えできません

印刷・製本　中央精版印刷株式会社

　ISBN978-4-295-40851-2　C2034

自分のやりたいことを成し遂げてきた
多くの企業人の働き方を紹介

この本の読者におすすめの本です

「起業家のように企業で働く 令和版」

小杉俊哉（著）／定価：1,518円（税込）／クロスメディア・パブリッシング

新入社員から3年間くらいは、仕事を覚えて、言われたことを一人前にできること、それを目指す必要がある。しかし、いつまでたっても言われたことしかできない人間は、環境が変化すると生き残れない。今求められているのは価値を生み出す人なのである。